ADOLPHE JOANNE

GÉOGRAPHIE

DE LA

CHARENTE-INFÉRIEURE

14 gravures et une carte

HACHETTE ET CIE

GÉOGRAPHIE

DU DÉPARTEMENT

DE LA

CHARENTE-INFÉRIEURE

AVEC UNE CARTE COLORIÉE ET 14 GRAVURES

PAR

ADOLPHE JOANNE

AUTEUR DU DICTIONNAIRE GÉOGRAPHIQUE ET DE L'ITINÉRAIRE GÉNÉRAL DE LA FRANCE

PARIS

LIBRAIRIE HACHETTE ET Cie

79, BOULEVARD SAINT-GERMAIN

1877

TABLE DES MATIÈRES

DÉPARTEMENT DE LA CHARENTE-INFÉRIEURE

I	1	Nom, formation, situation, limites, superficie	1
II	2	Physionomie générale	3
III	3	Cours d'eau	8
IV	4	Climat	19
V	5	Curiosités naturelles	20
VI	6	Histoire	20
VII	7	Personnages célèbres	29
VIII	8	Population, langue, culte, instruction publique	30
IX	9	Divisions administratives	31
X	10	Agriculture	36
XI	11	Industrie	37
XII	12	Commerce, chemins de fer, routes	39
XIII	13	Dictionnaire des communes	41

LISTE DES GRAVURES

1	Port de la Rochelle	5
2	Pont de Tonnay-Charente	9
3	L'ancien Royan	16
4	Royan	17
5	Arc de triomphe de Saintes	21
6	La Rochelle pendant le siége de 1627-1628	27
7	Église d'Ars (île de Ré)	43
8	Église d'Échillais	45
9	Saint-Jean-d'Angely	47
10	Saint-Martin-de-Ré	49
11	Hôpital de la Marine, à Rochefort	51
12	Porte de la Grosse-Horloge, à la Rochelle	55
13	Église Saint-Pierre, à Saintes	57
14	Statue de Bernard Palissy, à Saintes	59

Typographie Lahure, rue de Fleurus, 9, à Paris.

DÉPARTEMENT

DE LA

CHARENTE-INFÉRIEURE

I. — Nom, formation, situation, limites, superficie.

Le département de la Charente-Inférieure doit son *nom* à sa situation sur le cours inférieur de la Charente, fleuve qui est le principal tributaire de l'Atlantique entre la Loire et la Gironde, et qui baigne Saintes, la ville la plus curieuse, et Rochefort, la ville la plus importante et la plus peuplée du département.

Il a été *formé*, en 1790, de territoires appartenant à deux des trente-deux gouvernements ou provinces qui constituaient alors la France, à l'Angoumois et au Poitou. Le **Poitou** n'a guère fourni qu'une trentaine de milliers d'hectares, soit à peine la vingt-troisième partie du département. Quant à l'Angoumois, il se divisait en trois petits pays, l'Angoumois, l'Aunis, la Saintonge : l'*Angoumois*, dont Angoulême était la capitale, n'a contribué que pour une part très-faible à la formation de la Charente-Inférieure ; l'*Aunis*, qui avait pour chef-lieu la Rochelle, a donné 126,000 hectares ou plus du cinquième du territoire; la *Saintonge*, dont la capitale était Saintes, a fourni plus de 450,000 hectares, environ les deux tiers du territoire.

Le département de la Charente-Inférieure est *situé* dans la région occidentale de la France, en inclinant vers le sud-ouest. Il touche à la mer, comme la Loire-Inférieure ou la

Seine-Inférieure, et, dans cette mer, il a des îles importantes. Trois départements, la Gironde, les Landes, les Basses-Pyrénées, le séparent de l'Espagne; trois également, la Charente, la Haute-Vienne, la Creuse (ou les Deux-Sèvres, la Vienne et l'Indre), le séparent du département du Cher, qui est le centre de la France; enfin, pour gagner Paris en partant de la Charente-Inférieure, il faut traverser six départements : les Deux-Sèvres, la Vienne, Indre-et-Loire, Loir-et-Cher, le Loiret et Seine-et-Oise. La Rochelle, le chef-lieu du département, est à 477 kilomètres au sud-ouest de Paris, par les voies ferrées, à 380 seulement en ligne droite. La Charente-Inférieure est traversée par le 3e degré de longitude occidentale (ce degré passe près de Saintes) et par le 46e degré de latitude, qui passe un peu au nord de la Rochelle et de Saint-Jean-d'Angely; il s'approche même beaucoup, par son extrémité méridionale, du 45e degré, et il se trouve par conséquent, à peu près à égale distance du Pôle et de l'Équateur, séparés l'un de l'autre, comme on le sait, par 90 degrés ou par un quart de cercle.

Le département de la Charente-Inférieure est *borné* : au nord, par le département de la Vendée; au nord-est, par celui des Deux-Sèvres; à l'est, par celui de la Charente; tout à fait au sud-est, par celui de la Dordogne; au sud, par celui de la Gironde; à l'ouest, par l'océan Atlantique. Au nord, à l'est, au sud, ses limites sont le plus souvent artificielles, c'est-à-dire tracées à travers champs et non formées par la mer, des montagnes ou des rivières : de ces trois côtés, on ne peut guère citer comme limites naturelles que la Sèvre Niortaise et la Vendée, sur quelques kilomètres, au-dessus de Marans, le Né à l'est de Pons, la Dronne en amont et en aval de Saint-Aigulin. Du côté de l'ouest, la Gironde et l'océan Atlantique sont des frontières déterminées par la nature.

Sa *superficie* est de 682,569 hectares. Sous ce rapport, la Charente-Inférieure est le vingt et unième département de la France; en d'autres termes, vingt seulement sont plus vastes. Sa plus grande *longueur* — c'est le département le plus long de la France entière, après la Corse et le Nord — est de 168 kilomètres (de la pointe nord-ouest de l'île de Ré au pont de la Dronne à Saint-Aigulin). Sa plus grande *largeur*, entre l'embouchure de la Gironde et les parages où le département se rencontre à la fois avec les Deux-Sèvres et avec la Charente, au nord-est de Matha, est d'environ 80 kilomètres. Enfin, son *pourtour* est de 475 kilomètres, en ne tenant pas compte d'une infinité de sinuosités secondaires.

II. — Physionomie générale.

Le département de la Charente-Inférieure n'est pas un pays de hautes montagnes, mais un pays de collines moyennes, de plaines, de marais et de dunes. Il a pour point culminant un coteau de 172 mètres d'altitude, situé près des frontières du département des Deux-Sèvres, non loin de la forêt d'Aulnay, vers les sources de la Nie, petite rivière qui tombe dans la Boutonne, aux environs de Saint-Jean-d'Angely. Ce coteau a donc presque exactement deux fois la hauteur du clocher de Marennes, le monument le plus élevé du département (85 mètres); mais en revanche, il est vingt-huit fois moins haut que le Mont-Blanc (Haute-Savoie), qui est la montagne la plus élevée de la France, et même de l'Europe entière, jusqu'au Caucase.

La plus grande partie de la Charente-Inférieure est occupée par une succession de collines entremêlées de plateaux et de plaines qu'on peut appeler (comme dans les deux départements voisins des Deux-Sèvres et de la Vendée) le *Bocage*, par opposition aux marais et aux dunes du littoral.

Le **Bocage** couvre environ les dix-sept vingtièmes du département. Le nom de Bocage n'indique pas que cette région *est*, mais qu'elle *fut* un pays boisé : il n'a guère conservé de vraies forêts (on peut citer celles d'Aulnay, de Benon, d'Essouvert et de Pons), et ce qui lui reste de bois disparaît de jour en jour, devant les sillons et les vignes. C'est, en général, une contrée fertile dont la surface est couverte de terres de varenne ou de terres de groies, celles-ci moins profondes, moins fertiles que celles-là, et favorables surtout à la culture des vignobles.

La portion méridionale du Bocage, c'est-à-dire la plupart des communes des quatre cantons de Montguyon, de Montlieu, de Montendre, de Mirambeau, dans les bassins de la Dronne, du Lary, de la Saye et de la Livenne (et un peu de la Seugne), est occupée par les 35,000 hectares de la **Lande** ou *Double*, pays où le sous-sol est dissimulé sous des remblais tertiaires, terre pauvre, difficile à fertiliser, coupée de vallons marécageux et insalubres, ou *nauves*, de bruyères, de bois de pins que l'on travaille à remplacer par des vignobles. La Double se prolonge au delà de la Dronne dans le département de la Dordogne (où se trouve sa plus grande étendue) ; elle se continue aussi dans le département de la Gironde, sur les bassins du Lary et de la Saye.

Une partie du Bocage beaucoup plus riche que la Double, est la **Champagne**, à l'est de Jonzac et de Pons, jusqu'au cours du Né, petite rivière au delà de laquelle s'étend la Champagne de Charente, célèbre dans l'univers entier par ses eaux-de-vie qui se vendent sous le nom de cognac ou de fine champagne. La Champagne de la Charente-Inférieure, ou Champagne d'Archiac, ne donne pas d'eau-de-vie tout à fait aussi bonne, et surtout aussi chère, que celle de la Champagne Charentaise ; néanmoins ses crus sont justement renommés, et ils ont enrichi et enrichissent tous les jours la plupart des villages du canton d'Archiac et plusieurs communes du canton de Pons, telles que celles de Pérignac et d'Échebrune.

Si, des collines de la Champagne, on descend dans la vallée de la Charente et qu'on traverse ce fleuve étroit et profond, on entre dans une autre région du Bocage fort bien nommée les **Pays-Bas**. Sur leurs 33,000 hectares, les Pays-Bas en ont environ 16,000 dans la Charente-Inférieure, près de Burie, de Saint-Hilaire et de Matha, dans le bassin de la petite rivière d'Antenne; le reste est dans la Charente, derrière Co-

Port de la Rochelle.

gnac et Jarnac. Ils forment une plaine ondulée, de vingt mètres à peine d'altitude moyenne, composée de terres argileuses, où n'entre aucun élément calcaire, bien qu'elles soient bordées de tous côtés de collines calcaires d'une hauteur moyenne de 55 mètres.

Dans le Bocage est comprise une quatrième nature de pays, le **Marais**, qui n'a pas 6,000 hectares, du moins dans la Charente-Inférieure, car il se prolonge, au sud, dans le département de la Gironde. Le Marais s'étend au pied du massif de collines de Mirambeau, jusqu'à la rive droite de la Gironde; il doit avoir été formé par les alluvions de ce fleuve boueux qui sans doute coulait jadis à la base des coteaux de Saint-Bonnet, de Saint-Sorlin, de Saint-Thomas-de-Conac, etc. Il est couvert de prairies et de terres labourables, mais le climat en est naturellement malsain, malgré les nombreux canaux de desséchement dont la plaine est coupée.

Le Bocage avec ses dépendances — Double, Champagne, Pays-Bas, Marais — occupe, avons-nous dit, les dix-sept vingtièmes du département; le reste de la Charente-Inférieure est pris par les Marais, les Dunes et les Iles.

Les **Marais** occupent, sur le littoral et dans les vallées de la Sèvre, de la Vendée, du Mignon, de la Boutonne, de la Charente et de la Seudre, 70,000 hectares environ (ou un dixième du département), et il serait possible de conquérir encore 10,000 hectares sur le littoral du continent et des îles. Ces marais se sont formés et s'agrandissent tous les jours, moins, comme on l'a cru longtemps, à l'aide des alluvions de la Loire, de la Sèvre, de la Charente, de la Seudre et de la Garonne, que par l'apport incessant des débris arrachés par la mer aux granits de Bretagne et de Vendée, et par le soulèvement lent de l'écorce terrestre. Jadis, le littoral de cette contrée de la France était très-découpé, et, sans compter les petites baies, des golfes s'enfonçaient au loin dans les terres; mais l'Océan le remanie constamment; il emporte les caps, il comble les golfes. C'est ainsi que l'anse de l'Aiguillon, où débouche la Sèvre Niortaise et qui appartient, par moitié, à la Vendée et à la Charente-Inférieure, s'étendait, il y a vingt siècles, fort au loin dans l'intérieur et envoyait des baies secondaires jusqu'à Luçon, à Niort et à Aigrefeuille. Aujourd'hui elle a 7 kilomètres au plus d'ouverture (34 jadis), sur 9 kilomètres au plus de profondeur (60 kilomètres jadis, jusqu'à Niort).

C'est en se déposant sans relâche dans des golfes bordés de plages crayeuses ou calcaires, c'est en s'amassant autour d'îles reconnaissables encore à leur isolement et à leur élévation dans la plaine, que les alluvions marines, et à un moindre degré les alluvions fluviales, ont annexé et annexent encore sous nos yeux un vaste territoire à cette partie de notre pays. Malheureusement ce sont des plaines bien insalubres qu'elles ajoutent à la France. Malgré tous les travaux qu'on poursuit depuis des centaines d'années, les émanations pestilentielles de ces marécages font d'un grand nombre de communes des arrondissements de Rochefort et de Marennes le séjour permanent des fièvres. Nous n'avons guère même de pays plus malsain dans toute l'étendue du territoire français.

Mais tout ce littoral n'est point marécageux et exposé aux fièvres. En approchant de la Gironde, il se revêt de dunes.

Les **Dunes** occupent dans le département (les îles de Ré et d'Oleron comprises) environ 35,000 hectares, soit un vingtième de la surface totale; elles recouvrent la plus grande partie de la péninsule rectangulaire de la Tremblade et d'Arvert, comprise entre la mer, le Pertuis de Maumusson, l'estuaire de la Seudre et la Gironde. Sur le continent, comme sur les îles, leurs progrès étaient naguère rapides : elles ensevelissaient si promptement des villages entiers que l'on avait coutume de dire que « *les montagnes marchent en Arvert;* » mais les plantations de pins les ont arrêtées pour toujours en formant de belles forêts aux environs de Royan et de la Tremblade.

Les deux grandes îles de la Charente-Inférieure sont l'île de Ré et l'île d'Oleron.

L'**Ile de Ré**, séparée du continent par le Pertuis Breton, large de 3 à 12 kilomètres, est une terre complétement nue qui a 4 à 5 kilomètres de largeur sur 30 de longueur. Son étendue est de 7,389 hectares seulement; elle ne compte pas moins de 16,000 habitants : aussi est-elle un des pays de la France les plus peuplés proportionnellement. Sans un système de digues, et surtout sans ses dunes de sable, l'île de Ré, qui est fort basse, disparaîtrait en partie sous les flots de la mer : elle se divise en marais salants qui sont une grande richesse, en vignes qui donnent beaucoup de vin, mais des vins médiocres, en terres labourables de peu d'étendue; la partie de son littoral qui regarde la haute mer est hérissée de rochers auxquels il doit son nom de *Côte sauvage.*

L'**Ile d'Oleron** est plus grande que l'île de Ré : longue aussi de 30 kilomètres, elle a une largeur plus considérable, 4 à 10 kilomètres. Son étendue dépasse 15,000 hectares, sa population dépasse 18,000 âmes; tout en ayant plus d'habitants, elle est donc relativement beaucoup moins peuplée que l'île de Ré. Elle tient presque au continent, dont elle n'est séparée que par le Pertuis de Maumusson, passe de 2 à 3 kilomètres de largeur, peu profonde et très-dangereuse par certains vents. Comme l'île de Ré, elle a une *Côte sauvage*, battue par une mer violente, des dunes, que l'on fixe peu à peu, des terres labourables, des salines et des vignobles.

La passe large de 12 kilomètres qui sépare l'île de Ré de l'île d'Oleron se nomme le Pertuis d'Antioche.

III. — Cours d'eau.

Sans parler des ruisseaux, plus qu'insignifiants, des îles de Ré et d'Oleron, quatre bassins se partagent la Charente-Inférieure; ce sont : le bassin de la Charente, qui prend à lui seul les trois cinquièmes du département, et ceux de la Sèvre Niortaise, de la Seudre et de la Gironde.

Le bassin de la **Charente** comprend, dans le département, plus de 400,000 hectares.

La Charente, extrêmement sinueuse, a au moins 350 kilomètres de longueur, détours compris, tandis que la distance, en ligne droite, entre la source et l'embouchure est à peine de 150 kilomètres. L'étendue de son bassin est d'environ un million d'hectares. Ce fleuve, étroit mais profond, est célèbre, dans le sud-ouest de la France, par la limpidité de ses eaux provenant des sources abondantes et pures d'une région calcaire et crayeuse. Né dans le département de la Haute-Vienne, il atteint celui de la Charente-Inférieure après un cours d'environ 250 kilomètres, et après avoir passé à Civrai (Vienne),

Pont de Tonnay-Charente.

près de Ruffec, au pied de la colline d'Angoulème, à Jarnac et à Cognac (Charente).

C'est à 7 kilomètres environ au-dessous de Cognac, à 1 kilomètre en aval du confluent du Né, par 6 mètres seulement d'altitude, que la Charente entre dans le département. Prêtant sa charmante vallée de prairies au chemin de fer d'Angoulême à Rochefort, elle reçoit, par cinq bras sur sa gauche, la Seugne aux eaux limpides, va baigner Saintes, où déjà son altitude n'est plus que de 3 mètres, et la ville pittoresque de Taillebourg.

Au-dessous de cette dernière ville, sa vallée s'élargissant cesse d'être accidentée et agréable, pour devenir de plus en plus monotone. Vers Saint-Savinien, le fleuve commence à être bordé de prairies marécageuses, coupées de canaux de dessèchement qui, malgré leur nombre, ne suffisent pas pour assainir entièrement le pays et le délivrer des fièvres qui en sont le fléau. En aval du confluent de la Boutonne, affluent important de droite, la Charente devient plus large et plus profonde; à Tonnay-Charente, port actif, elle reçoit des navires de 600 tonneaux qui passent à pleines voiles sous l'unique travée, longue de 204 mètres, d'un de nos plus beaux ponts suspendus, haut de 20 mètres au-dessus des grandes eaux (*V.* page 9).

A Rochefort, l'un de nos cinq grands ports militaires, la Charente est si boueuse qu'on n'y reconnaîtrait jamais la claire rivière de l'Angoumois, et si étroite qu'on la croirait incapable de recevoir des frégates : les gros navires y manœuvrent difficilement. En quittant cette ville, le fleuve passe devant Soubise, puis devant le Vergeroux, l'un des lieux les plus malsains du sud-ouest. La mortalité annuelle (1 sur 20) y est le double de la mortalité moyenne en France. Desséchés après 1600, et surtout à l'époque de la fondation de Rochefort, les marais de la basse Charente doivent leur origine aux atterrissements qui s'accumulèrent, à partir du sixième siècle, autour d'îlots battus par les vagues.

En aval la Charente prend de plus en plus les dimensions d'un fleuve : sa largeur varie entre 500 et 700 mètres. Au pont des Barques, voisin du fort Chagnaud, du fort du Feu, du fort de la Pointe, elle devient définitivement un estuaire, large, à marée haute, de 3 kilomètres devant le fort Madame, de 4 devant le fort de l'Aiguille, large à marée basse de 500 à 800 mètres seulement devant le fort Madame, et de 3,000 à l'embouchure, que commandent les batteries puissantes de l'île d'Aix.

Grâce à l'abondance des sources de son bassin, la Charente roule proportionnellement beaucoup d'eau; au-dessus du confluent de la Boutonne, son dernier affluent important, elle débite à l'étiage, c'est-à-dire aux eaux très-basses, 40 mètres cubes ou 40,000 litres d'eau par seconde. En revanche, ses crues sont comparativement faibles : environ 300 mètres cubes à la seconde.

La Charente passe pour navigable depuis Montignac (Charente), mais elle n'est réellement utilisée qu'à partir d'Angoulême, et la navigation n'y a d'activité véritable qu'à partir de Cognac, où s'embarquent beaucoup d'eaux-de-vie. La marée remonte jusqu'à Saintes, et même, mais très-rarement, jusqu'au port du Lys, au confluent du Né. Grâce à la marée, les bâtiments calant $2^{m},50$ remontent jusqu'à Saintes, et Taillebourg est accessible à ceux qui calent 3 mètres. A Tonnay-Charente, où les hautes marées atteignent $5^{m},50$, commence la navigation maritime, gênée, au-dessous de Rochefort, sur trois points, par le peu de profondeur à marée basse, et plus encore, par la barre vaseuse de l'embouchure, qui rend l'accès du fleuve très-difficile aux gros vaisseaux.

Les affluents un peu notables de la Charente qui ont tout ou partie de leur cours dans la Charente-Inférieure, sont l'Antenne, le Né, le Coran, la Seugne, le Bramerit, la Boutonne, l'Arnoult et la Gère.

L'*Antenne*, rivière de 50 kilomètres, descend des collines de Fontaine-Chalendray, que leur altitude de 157 mètres classe parmi les plus hautes du département; elle passe à Matha, et, s'écoulant par plusieurs bras dans les Pays-Bas, entre dans le département de la Charente, où elle se perd dans le fleuve, rive droite, au-dessous de Cognac, au-dessus du port du Lys. Son principal tributaire est le *Briou*.

Le *Né*, rivière de 72 kilomètres, appartient presque entièrement au département de la Charente : il ne dépend de la Charente-Inférieure que par sa rive gauche, et seulement pendant une quinzaine de kilomètres, précisément comme ligne de frontière avec la Charente. Il coule au pied du massif de collines d'Archiac et gagne le fleuve (rive gauche) près de Merpins, village de la Charente, au port du Lys.

Le *Coran*, tributaire de droite, vient des coteaux de Burie; il a son embouchure presque en face de Beillant.

La Seugne, affluent de gauche, s'appelle aussi la *Sévigne*. C'est un cours d'eau de 80 kilomètres de développement. Elle naît au pied de la colline du Montlieu, haute de 142 mètres, et coule à peu près constamment vers le nord-ouest, d'abord dans un joli vallon, puis parmi les saules et les peupliers, dans une vallée de prairies souvent marécageuses où elle se divise constamment en plusieurs bras embarrassés de joncs. Elle baigne Jonzac; à Pons, elle embellit de ses eaux l'un des plus charmants sites du département. Au-dessous de Colombiers, elle se dédouble : la branche principale, celle de droite, va tomber dans la Charente au-dessous du pont du chemin de fer, à Port-Chauveau; l'autre, se subdivisant en plusieurs bras, trouve ses embouchures à 3, à 4, à 6, à 7 kilomètres plus bas. La Seugne, richement alimentée par des sources de fond et de belles fontaines riveraines, auxquelles elle doit de rester limpide malgré joncs, roseaux et marais, reçoit un grand nombre de ruisseaux, la *Laurençanne*, la *Pimparade*, l'*Ariat*, le *Tude*, le *Trèfle*. Ces deux derniers sont les plus considérables : le Tude recueille, près du château de Dampierre (commune de Plassac), la belle source de *Fonraud*, et passe près de Saint-Genis; le Trèfle, long de 50 kilomètres, vient du département de la Charente; comme le Tude, il a son embouchure dans les humides prairies de Mosnac.

Le *Bramerit*, tributaire de droite, vient des collines de Saint-Hilaire de Saintonge et se termine à Coulonge.

La Boutonne, tributaire de droite, est le plus grand affluent de la Charente, après la magnifique et fameuse Touvre, cette fraîche rivière formée près d'Angoulême par deux sources considérables, le Dormant et le Bouillant. Elle a 100 kilomètres de cours, dont 60 dans les Deux-Sèvres et 40 dans la Charente-Inférieure. Son débit est d'un mètre cube par seconde à l'étiage, de 5 en eaux moyennes, de 55 en crue. Née d'une fontaine considérable, à Chef-Boutonne (ce qui veut dire Tête de la Boutonne), elle grossit rapidement grâce à de belles sources de fond et à des sources latérales, et roule ses eaux claires dans une fraîche vallée, au sein de plateaux secs, nus et brûlés en été. Après avoir reçu la *Brédoire*, qui passe à Aulnay-de-Saintonge, et la *Nie*, elle baigne Saint-Jean-d'Angely, où sa vallée change de direction et d'aspect ; jusque-là, la rivière coulait vers le sud-sud-ouest, en bras nombreux formant une multitude d'îlots ; à partir de là, elle se dirige vers l'ouest, dans de larges prairies de plus en plus marécageuses dont les villages sont souvent visités par la fièvre intermittente. A Tonnay-Boutonne, la vallée est inondée tous les ans ; à Champdolent, on est en plein marais. Le lieu de l'embouchure est Carillon, à quelques kilomètres en amont de Tonnay-Charente. La Boutonne, que la marée remonte pendant 9 kilomètres, est officiellement navigable pendant 31 kilomètres, jusqu'à Saint-Jean-d'Angely, mais, en réalité, elle porte très-peu de bateaux, faute de profondeur suffisante en été.

L'*Arnoult* (45 kilomètres) naît à quelques kilomètres au sud-ouest de Saintes ; lorsqu'il passe de la région des collines dans celle des marais, il se transforme en un canal nommé *canal de Pont-l'Abbé*. C'est un affluent de gauche.

La *Gère*, affluent de droite au-dessus de Rochefort, passe à Surgères et alimente le *canal de Charras*, creusé pour dessécher les marais dans la mesure du possible.

La Sèvre Niortaise, comme la Charente, est fort sinueuse : elle a 165 kilomètres de développement pour une distance, en ligne droite, de 80 kilomètres entre la source et l'embouchure. Elle n'appartient à la Charente-Inférieure que pendant environ 50 kilomètres, soit par les deux rives, soit comme limite avec la Vendée. Formée dans le département des Deux-Sèvres par quelques sources d'une grande constance et d'une abondance extrême, elle passe au pied de l'escarpement qui porte la ville de Niort, puis elle s'engage dans de vastes marais abandonnés depuis peu (géologiquement parlant) par les basses mers, petite Hollande qu'un immense système de digues et de canaux défend à peine du flot marin, de l'invasion des rivières et des inondations.

Lorsqu'elle commence à toucher la Charente-Inférieure, elle se traîne déjà depuis quelque temps dans le Marais, très-tortueuse, très-profonde, si calme hors des temps de crue qu'elle est presque immobile. Après avoir baigné Marans, elle va se perdre dans l'Anse de l'Aiguillon. Ce petit fleuve côtier, dont le débit de crue est de 200 mètres cubes par seconde, tandis qu'à l'étiage il est à peine supérieur à un mètre cube, est navigable dans tout son parcours dans la Charente-Inférieure; de son entrée dans le département à Marans, le tirant d'eau est de 2 mètres et la charge maxima des bateaux de 100 tonnes. A Marans, qui reçoit des navires de 200 tonneaux, commence la navigation maritime, longue de 19 kilomètres; la marée se fait sentir jusqu'au confluent de la Vendée

Le *Mignon* (45 kilomètres), affluent de gauche, est un ruisseau, qui, au-dessous de Mauzé, se transforme en un canal navigable, profond de 3 mètres, débouchant dans la Sèvre après avoir traversé de vastes marais. Le débit de ce cours d'eau, qui relève en partie du département des Deux-Sèvres, est de 5 mètres cubes par seconde dans les eaux moyennes, de 37 mètres dans les crues.

La VENDÉE (75 kilomètres), affluent de droite, qui donne son nom à un département, ne fait guère que borner un moment la Charente-Inférieure et s'y perdre dans la Sèvre à 5 kilomètres au-dessus de Marans.

On peut considérer comme dépendant du bassin de la Sèvre le ruisseau de 45 kilomètres qui se nomme le *Curé*, et qui, recevant les eaux de la plus grande portion du pays compris entre la Rochelle, Aigrefeuille, Surgères, Courçon et Marans, débouche dans les vases de l'Anse de l'Aiguillon.

La SEUDRE, longue de 75 à 80 kilomètres, est un ruisseau insignifiant terminé par un magnifique estuaire. Elle naît au sud-ouest de Saint-Genis, dans des collines peu élevées. Près de Virollet, elle disparaît entièrement en été sur un espace de 2 à 3 kilomètres, et jusqu'à Saujon, c'est-à-dire jusqu'à plus de 50 kilomètres de la source, ce n'est qu'un maigre filet d'eau que ne grossit aucun ruisseau digne de porter un nom.

A l'écluse de Ribérou, à 1 kilomètre en aval de Saujon, elle commence à s'élargir; à l'Éguille, elle a 400 à 800 mètres de largeur à marée haute, tandis que, à marée basse, ce n'est qu'un chenal serpentant dans la boue, entre des parcs, où se multiplient les fameuses huîtres de Marennes, et des salines qui donnent un sel estimé. Elle passe à 1,500 mètres de la Tremblade et à une distance double de Marennes, puis va se perdre dans la mer au Pertuis de Maumusson, vis-à-vis des dunes oléronaises de Saint-Trojan.

Avant la création de Brest et de Rochefort, cet estuaire était avec Brouage, port ensablé situé entre la Seudre et la Charente, le principal asile de la marine française sur l'Océan. Colbert songea longtemps à y installer le grand établissement maritime qu'il fixa enfin sur la Charente. C'est un de nos mouillages les plus sûrs et les plus étendus, mais l'entrée en est gâtée par les bancs de sable et par le peu de profondeur du Pertuis de Maumusson et des autres passes entre l'île d'Oleron et la terre ferme. Profonde, en vive eau, de 3 mètres 35 centimètres à Ribérou, de 15 mètres entre Marennes et la Tremblade, la Seudre est navigable de l'écluse de Ribérou à l'Océan (25 kilomètres). Elle ne reçoit que de faibles ruisseaux et de nombreux chenaux où la marée basse laisse un lit de bourbe et de vase.

La Gironde, navigable pour les grands vaisseaux, est un vaste estuaire où débouchent, en un point dit le Bec-d'Ambès, deux grandes rivières, la Garonne et la Dordogne, celle-ci moins considérable que celle-là.

Ni la Garonne, ni la Dordogne, ni le Bec-d'Ambès ne se trouvent sur le territoire de la Charente-Inférieure. Ce n'est que dans sa partie voisine de la mer, et par la rive droite seulement, que la Gironde appartient au département, qu'elle baigne pendant 41 à 42 kilomètres, des Portes-de-Vitrezay à Royan.

Immense fleuve d'eaux jaunes où le vent soulève des tempêtes, nappe d'eau grandiose comme celle des plus beaux fleuves d'Asie et d'Amérique, elle est appelée encore la *mer* par les habitants de la côte. Sa largeur est de plus de 5 kilomètres aux Portes-de-Vitrezay, de plus de 8 à Port-Maubert, de 10 kilomètres 1/2 vis-à-vis de Mortagne, d'un peu plus de 5 à l'embouchure, entre la pointe de Grave et Royan.

A son entrée dans le département, la Gironde est séparée de la ligne de coteaux dont sans doute elle battait jadis le pied par les terres basses du Marais; mais, à partir de Mortagne, des

L'ancien Royan.

collines dominent de 20 à 60 mètres le fleuve, qui s'y est creusé une multitude d'anses. Mortagne, Talmont, Meschers, Saint-Georges-de-Didonne et surtout Royan sont les principaux lieux habités situés sur la rive même ou tout près de ce fleuve qui verse en moyenne à la mer 1,173 mètres cubes d'eau par seconde.

La Gironde ne reçoit dans la Charente-Inférieure que des cours d'eau de peu de longueur; mais l'un de ces ruisseaux, celui qui débouche aux Monards, le *Chauvignac*, a toute l'abondance d'une rivière. Il sort d'un gouffre bleu entouré

Royan.

de ronces et de vergnes, au pied d'une butte ombragée par un noyer; il n'a que 2 kilomètres de cours, mais sa source, qu'alimentent les plateaux de Cozes et de Gémozac et à laquelle se réunissent probablement d'autres sources de fond, est d'une telle abondance qu'elle fait marcher un moulin à 6 meules.

Au bassin de la Gironde appartiennent aussi la Dronne, le Lary, la Saye et la Livenne.

La DRONNE passe à Saint-Aigulin (canton de Montguyon), à l'extrémité sud-est du département. C'est un affluent de l'Isle qui se jette dans la Dordogne, l'une des deux branches de la Gironde. La Dronne, qui a plus de 175 kilomètres de cours, roule des eaux très-vives et très-pures dans une ravissante vallée qui n'appartient qu'à moitié au département (la rive gauche dépend de la Dordogne). Après la Charente, et sans compter la Gironde, c'est de beaucoup le cours d'eau le plus abondant de la Charente-Inférieure; elle ne baisse d'une façon notable que dans les sécheresses très-prolongées.

Pendant 16 ou 17 kilomètres, elle sert de limite au département, et ne reçoit que d'insignifiants ruisseaux venus des bois de la Double.

Le *Lary*, tributaire de l'Isle comme la Dronne, est une petite rivière d'un peu plus de 50 kilomètres de longueur, qui coule sur trois départements : la Charente, où il a ses sources; la Charente-Inférieure, où il a la plus grande partie de son cours ; la Gironde, où il a son embouchure à Guîtres. Le Lary arrose une vallée agreste, longe le massif de collines de Montlieu et reçoit le *Palais :* celui-ci recueille le *Mouzon*, qui passe à Montguyon.

La *Saye*, longue d'un peu plus de 40 kilomètres, est un autre affluent de l'Isle. Elle a ses sources et la plus petite portion de son cours dans le département de la Charente-Inférieure.

La *Livenne* (50 kilomètres), affluent de la Gironde, appartient à la Charente-Inférieure par ses sources, situées au pied du massif de Montlieu, et par un cours de quelques kilomètres dans les landes, couvertes de pins, du canton de Montendre.

IV. — Climat.

Le département de la Charente-Inférieure réunit les trois principales conditions d'un climat tempéré : il est situé presque exactement à distance égale du Pôle et de l'Équateur, puisque son canton le plus méridional touche presque le 45e degré de latitude, milieu de la distance comprise entre la ligne équatoriale et le Pôle ; il est bordé par la mer, qui a le privilége d'adoucir et d'égaliser la température des terres qu'elle avoisine et sur lesquelles elle envoie ses vents et ses pluies; il n'a pas de montagnes, et l'on sait que, moins un lieu est élevé au-dessus de l'Océan, moins il est froid. Enfin, la plus grande partie du département est formée par des calcaires et des craies, roches perméables qui laissent filtrer les eaux, et qui, à latitude et à altitude égales, sont beaucoup moins froides, infiniment moins humides que les roches imperméables, telles que le granit. C'est là encore une des conditions d'un climat tempéré.

On peut résumer ainsi les caractères du climat de la Charente-Inférieure : température douce, froids modérés, fortes chaleurs, pluies abondantes, grêle et orages fréquents, neige presque inconnue. Ce climat est le *climat girondin*, l'un des sept climats, soit continentaux, soit maritimes, entre lesquels on partage ordinairement la France ; il est ainsi nommé parce qu'il règne dans le bassin de la Gironde, notamment à Bordeaux : mais il ne règne pas que là ; avec les variations que comportent la latitude, la hauteur au-dessus du niveau des mers, le voisinage plus ou moins immédiat de l'océan Atlantique et la nature du sol, il s'étend de la Basse-Loire aux Pyrénées.

Sauf dans les marais, qui malheureusement sont encore vastes, le pays est d'une grande salubrité, bien que le climat y soit très-variable et très-humide en certaines saisons.

La température moyenne de la Rochelle est de 12 degrés 7 dixièmes, c'est-à-dire quelque peu inférieure à celle de Bordeaux, qui est le type du climat girondin. Royan et les diverses bourgades du rivage de la Gironde doivent avoir une moyenne annuelle un peu plus élevée.

Si toute l'eau tombée du ciel pendant l'année restait sur le sol sans être absorbée par lui ou évaporée par le soleil, elle formerait, dans les douze mois, une nappe de 660 millimètres d'épaisseur à la Rochelle (où le nombre des jours de pluie est de 137 par an), de 720 millimètres à Rochefort, de 910 à Saint-Jean-d'Angely. La moyenne de la France est de 770 millimètres.

V. — Curiosités naturelles.

La Charente-Inférieure n'ayant pas de montagnes, n'offre d'autres curiosités naturelles que les roches battues, creusées, sculptées par la mer, et, dans l'intérieur du pays, quelques grottes et de belles sources. Quant aux sites charmants, qui sont fort nombreux, on les trouve surtout le long de la Charente, au-dessus de Taillebourg, et le long de la Dronne.

VI. — Histoire.

La vallée inférieure de la Charente et le littoral de l'Atlantique, depuis la Gironde jusqu'à l'anse de l'Aiguillon, constituent, avec les deux grandes îles d'*Oleron* et de *Ré*, le département de la *Charente-Inférieure*. Ce pays, grâce à sa situation, a longtemps joui d'une vie à peu près indépendante et formait, avant 1789, deux petites provinces, l'*Aunis* et la *Saintonge*, qui tenaient fort à leurs priviléges. Toutefois, comme la vallée de la Charente a joué, dans notre histoire, le rôle d'intermédiaire entre les populations de la Loire et celles de la Garonne, ce pays n'a pas cessé d'être mêlé à presque tous les événements qui composent nos longues annales.

Au temps des Gaulois, c'était le pays des *Santones*, dont le nom s'est perpétué dans celui de la province de Saintonge. Cette contrée fut occupée dès les temps les plus reculés, car il y existe un grand nombre de *dolmens*, de ces pierres longtemps appelées druidiques, mais qui remontent certainement à des populations tout à fait primitives. Un de nos éminents archéologues, M. Alexandre Bertrand, a compté vingt-quatre dolmens remarquables, dont les plus importants sont ceux de la *Jarne* et de la *Pierre-Folle* à Montguyon.

César, dans ses Commentaires, parle souvent des Santones comme d'un des peuples les plus puissants de la Gaule, mais

Arc de triomphe de Saintes.

on ne sait où placer la ville qu'il désigne sous le nom de *Portus Santonum*. Ce peuple envoya 12,000 hommes à l'armée qui tenta de délivrer Vercingétorix bloqué dans Alise. Plus tard, lorsque Auguste eut organisé les Gaules, le pays des Santones fit partie de la deuxième Aquitaine.

Les richesses archéologiques qu'on peut encore voir à Saintes (qui s'appelait alors *Mediolanum Santonum*) témoignent de l'importance qu'avait cette ville à l'époque romaine :

on y remarque les débris d'un capitole, puis l'arc de Germanicus, placé autrefois sur le pont et reconstruit de nos jours sur les bords du fleuve, où il fait, selon l'expression de M. Viollet-le-Duc, une étrange figure. Les archéologues croient pouvoir fixer la date de cet arc de Germanicus de l'an 21 à l'an 31 après J.-C. Ajoutons à ces restes des thermes, un amphithéâtre, et nous n'aurons pas encore énuméré les richesses monumentales d'un pays que les savants explorent encore avec fruit.

Selon les traditions qui font remonter la plupart des églises de France au premier siècle de l'ère chrétienne, le pays des Santons aurait été évangélisé par saint Martial en 75 et saint Eutrope en 95 après Jésus-Christ. Mais l'église de Saintonge comme celle de Limoges ne doit dater que de la mission des sept grands évêques de la Gaule, au troisième siècle de l'ère chrétienne. Pendant la période de l'invasion des barbares, le pays des Santons se trouvait sur la route des multitudes qui traversèrent la Gaule en 406, et qui allèrent se perdre en Espagne. On dit cependant que des *Alains* s'y établirent au cinquième siècle, et on fait remonter à leur nom l'origine du nom d'*Aunis*. Quoi qu'il en soit de cette étymologie, le pays d'Aunis et de Saintonge resta sous la domination des Wisigoths jusqu'à ce que Clovis avec les Francs eût abattu, à Vouillé, la puissance du roi Alaric II (507). La Saintonge devint alors pour les princes francs un pays de proie qu'ils se disputaient. Puis elle rentra dans le royaume d'Aquitaine formé pour Caribert, frère de Dagobert, et fit partie du duché d'Aquitaine qu'Eudes avait rendu indépendant. Elle vit les Arabes pénétrer sur son territoire, mais fut délivrée comme le midi de la Gaule par la victoire de Charles Martel à Poitiers en 732. Elle eut ensuite à souffrir des guerres que soutinrent les ducs d'Aquitaine contre Pépin le Bref. C'est à Saintes que Pépin, victorieux, arriva à temps pour s'emparer de la mère, des sœurs et des nièces du malheureux Waïfre. Mais c'est à Saintes aussi qu'il ressentit les premières atteintes de la maladie dont il mourut bientôt après.

Sous Louis le Débonnaire, la Saintonge suivit les destinées de l'Aquitaine, puis ce pays fut un des premiers en butte aux incursions des Normands, qui pillèrent, brûlèrent Saintes en 847 et portèrent à cette ville un coup dont elle ne s'est point relevée.

Après l'établissement de la féodalité, la Saintonge se couvrit de seigneuries relevant du comté de Poitou et souvent rattachées au duché de Guienne. Au dixième siècle (961), dans un acte du duc d'Aquitaine, Guillaume Tête-d'Étoupe, il est fait mention pour la première fois de *la Rochelle*, à propos des droits d'ancrage et de lestage prélevés dans les ports de la Saintonge, depuis Blaye jusqu'à la Rochelle *à Blaviâ, usque ad Rupellam.* « Comme Venise, dit M. de Quatrefages, dans les *Souvenirs d'un naturaliste*, la Rochelle, s'est élevée au milieu des eaux et s'est peuplée de proscrits. La mer, avançant bien au delà de ses limites actuelles, entourait de trois côtés une roche basse formant un petit cap allongé (*rupella*), petit rocher qui semblait sortir de vastes marais. » Des cabanes s'y groupèrent, et, à partir du douzième siècle, la Rochelle se développa.

Faisant partie du duché d'Aquitaine, l'Aunis et la Saintonge passèrent successivement, comme ce duché, de la domination française à la domination anglaise. La duchesse Éléonore, fille de Guillaume X, les porta tour à tour à l'une et à l'autre maison en épousant successivement Louis VII et Henri Plantagenet, comte d'Anjou, qui devint roi d'Angleterre sous le nom de Henri II. C'est d'après les ordres de cette princesse que furent rédigés, dit-on, les *rôles* ou *lois d'Oleron*, sorte de code maritime qui devint bientôt le droit commun sur toutes les mers européennes.

Jean Sans Terre vint en 1206 et en 1214 essayer de défendre contre Philippe Auguste les provinces que le roi de France avait confisquées. Louis VIII s'empara de la Rochelle en 1224. Plus tard, le roi anglais Henri III vint soutenir dans sa révolte le comte de la Marche, un des plus puissants vassaux de Louis IX. L'Aunis et la Saintonge devinrent le théâtre d'événements très-importants, et saint Louis s'y signala par sa victoire de *Taillebourg*.

....

Le roi d'Angleterre s'était avancé de *Royan* à *Pons*, de *Pons* à *Saintes*, où il séjourna. Il avait passé la Charente et était venu à *Tonnay-Charente*. Là, il avait reçu les serments de Geoffroy, seigneur de *Taillebourg*, qui préparait, par une feinte soumission, sa vengeance contre le comte de la Marche, dont il avait reçu un sanglant outrage. Geoffroy, en effet, était résolu à ouvrir les portes de Taillebourg au roi de France, et il persuada au roi anglais de revenir à Saintes et de se porter sur la rive gauche du fleuve en face de Taillebourg. Henri III venait d'y arriver, lorsqu'il apprit que la ville avait été ouverte aux Français. Un pont seul le séparait de l'ennemi. Toutefois, le fleuve était profond, rapide, et le passage pouvait être disputé. Mais tandis que, troublé, il cherche à organiser la défense, les Français attaquent avec ardeur. Louis IX, plus soldat que roi à ce moment, s'élance avec ses chevaliers, et, un des premiers, débouche du pont sur l'autre rive. Un effort de l'armée anglaise eût suffi pour rejeter cette poignée de Français sur le pont ou dans le fleuve; car, dit Joinville, « pour un homme que le roi avait quand il fut passé devers les Anglais, les Anglais en avaient mille. » Mais le trouble de Henri III et du comte de la Marche donnèrent aux chevaliers de Louis IX le temps d'accourir en foule. Henri III recula, demanda une suspension d'armes et courut se mettre en sûreté dans les murs de Saintes (20 juillet 1242). Louis IX, qui croyait la lutte terminée, fut obligé de se remettre à la poursuite de son ennemi, et arriva devant Saintes. Un premier combat s'engagea contre les troupes du comte de la Marche, et le châtelain de la ville y fut tué. Puis les deux armées s'entre-choquèrent avec force, les Anglais vaincus s'enfuirent et des Français entrèrent même avec eux dans la ville. Le roi Henri III se hâta de quitter Saintes et se retira à Pons. La ville se rendit à Louis IX, qui croyait avoir à en faire le siége. La paix ne tarda pas à se conclure, et l'orgueilleux comte de la Marche fit enfin sa soumission.

Saint Louis, plus tard, crut sage et politique de restituer à Henri III le pays qui lui avait appartenu au sud de la Charente ; la partie septentrionale de la Saintonge resta seule incorporée au Poitou, et revint à la Couronne après la mort du frère de saint Louis.

Durant la funeste guerre de Cent-Ans, une partie de la Saintonge française fut reprise par les Anglais, et le traité de Brétigny la leur céda tout entière (1360). Cependant les Rochelais protestaient. « Nous obéirons des lèvres, disaient-ils, mais les cœurs ne changeront pas. »

En 1372, les habitants de la Rochelle refusèrent des secours au comte de Pembroke, dont la flotte était attaquée par une flotte espagnole. Aux demandes qu'on leur faisait, ils répondaient : « Nous avons notre ville à garder. » Du Gueselin ayant soumis la Saintonge, la Rochelle ne demandait qu'à être délivrée des Anglais. Ceux-ci la gardaient bien. Mais le mayeur (ou maire) usa de ruse. Le commandant anglais ne savait pas lire. Le maire, *Chauldrier*, vint lui présenter des lettres munies du sceau du roi d'Angleterre, et le commandant les donna à lire à un clerc. Celui-ci, dont la leçon était faite, lut un ordre de passer la revue de la garnison hors du château. Le commandant obéit. Chauldrier avait pris ses mesures. Lorsque les Anglais eurent quitté le château, les Français s'en emparèrent, et bientôt les Anglais s'estimèrent heureux de pouvoir quitter la ville.

Au quatorzième, au quinzième, au seizième siècle, la Rochelle, constituée en commune presque indépendante, était une des grandes cités maritimes de la France. C'est de la Rochelle que partit Jean de Béthencourt, en 1402, pour aller conquérir les Canaries, et les marins rochelais furent les premiers à profiter de la découverte du Nouveau-Monde.

Il faudrait refaire en réalité toute l'histoire de France pour raconter les événements auxquels fut mêlée la ville de la Rochelle, mais on ne peut passer sous silence la révolte de cette ville, sous François Ier, causée par les exactions de Guy Chabot, comte de Jarnac, et l'accroissement excessif de la gabelle. L'intervention de l'armée royale et l'arrivée de François Ier en personne furent nécessaires pour réprimer cette révolte des propriétaires des marais salants. Enfin, en 1568, après un nouveau soulèvement, la province obtint le rachat des droits de la gabelle, moyennant une somme énorme.

Au seizième siècle, dans les guerres religieuses, la Saintonge et l'Aunis devinrent un des principaux refuges des protestants. La Rochelle était la citadelle du parti réformé. C'est là que Jeanne d'Albret, après la mort du prince de Condé, vint présenter son fils Henri de Béarn, à peine âgé de quinze ans, comme chef des protestants. C'est dans les environs de ces provinces que se livrèrent les batailles de Jarnac et de Moncontour. C'est à la Rochelle qu'en 1571 se tint, sous la présidence de Théodore de Bèze, un synode de toutes les Églises françaises réformées où fut rédigé le *symbole* dit *de la Rochelle;* c'est là que les protestants, après le massacre de la Saint-Barthélemy, organisèrent de nouveau la résistance. La Rochelle, devenue le boulevard du protestantisme, fut assiégée par l'armée royale, en 1572, mais la défense fut si vigoureuse que les catholiques levèrent le siége après six mois et demi de combats. La paix de la Rochelle (1573) termina cette période de nos guerres civiles, et accorda aux Calvinistes le plein exercice de leur culte à la Rochelle, à Nîmes et à Montauban.

La Rochelle fut encore, en 1588, le lieu de réunion d'une assemblée générale des Églises calvinistes, et, après l'édit de Nantes, devint une des places de sûreté laissées aux protestants. Mais, sous Louis XIII, les guerres religieuses recommencèrent en partie. Le cardinal de Richelieu, sans inquiéter les protestants dans la liberté de leur culte, ne voulait point tolérer une organisation qu'il considérait comme dangereuse pour l'unité nationale, et le siége qu'il vint mettre devant la Rochelle, en 1627, est un des grands événements de notre histoire.

La Rochelle, place forte et port de mer, semblait la capitale d'une nouvelle Hollande. Richelieu vint l'assiéger avec le roi. On ne pouvait réduire la ville tant que le port serait ouvert aux flottes anglaises; il fallait le fermer et dompter la mer. Pompe Targon, ingénieur italien, avait, dans la précédente

La Rochelle pendant le siége de 1627-1628.

guerre civile, imaginé de construire une estacade, lorsqu'il avait déjà été question d'assiéger la Rochelle. Le cardinal de Richelieu reprit ce projet. Il commanda une digue dans la mer longue d'environ 4,700 pieds. Les vents la détruisirent. Il ne se rebuta pas, et, ayant à la main son Quinte-Curce et la description de la digue d'Alexandre devant Tyr, il recommença la digue. Deux Français, Métézeau et Tériot, la mirent en état de résister aux vents et aux vagues. Cependant la Rochelle, sans secours, sans vivres, tenait par son seul courage. La mère et la sœur du duc de Rohan encourageaient les habitants. Des malheureux, prêts à expirer de faim, déploraient leur état devant le maire *Jean Guiton*, qui répondait : « Quand il ne restera plus qu'un seul homme, il faudra qu'il ferme les portes. » Une flotte anglaise paraît, et l'espérance renaît dans la ville, mais les vaisseaux étaient écartés par les batteries françaises, et le ravitaillement de la place devenait impossible. La famine vainquit enfin le courage des Rochelais, et, après une année entière de siége, ils furent obligés de se rendre (28 octobre 1628), malgré le poignard du maire Guiton qui restait toujours sur la table de l'hôtel de ville, pour percer quiconque parlerait de capituler. Les fortifications de la Rochelle furent rasées.

La Rochelle cesse alors de jouer un rôle politique. Les habitants développent leur richesse par leur activité commerciale. La Rochelle eut une bibliothèque publique dès 1606, une Faculté dès 1565, une académie en 1732. Le port de *Rochefort* devint, sous Louis XIII, un de nos principaux arsenaux maritimes; mais la révocation de l'édit de Nantes, en 1685, fit perdre à la Rochelle environ 5,000 habitants qui allèrent porter à l'étranger leurs capitaux et leur industrie.

Rochefort, cette ville nouvelle qui venait de s'élever sur la Charente, prit une part active et glorieuse à toutes les guerres maritimes, depuis la guerre d'Amérique jusqu'aux guerres du premier Empire. C'est là enfin que s'arrêta, on peut le dire, la carrière de Napoléon, qui s'y embarqua pour l'île d'Aix en 1815.

Sous la Restauration, la Rochelle vit son nom s'ajouter à ceux de quatre sergents qui n'en étaient pas originaires, mais qui n'en restent pas moins dans l'histoire désignés sous le nom des quatre sergents de la Rochelle. Quatre sous-officiers du 45ᵉ régiment de ligne, récemment arrivés de Paris à la Rochelle, avaient organisé une *vente particulière* (nom que l'on donnait aux associations imitées de celles des *carbonari* italiens). Dénoncés et arrêtés, ils furent amenés à Paris avec leurs complices, dont l'un, dans ses aveux, révéla l'organisation du carbonarisme. Les quatre sergents Raoux, Pommier, Goubin, Bories, traduits devant la cour d'assises de Paris, mais qu'on ne pouvait sérieusement accuser que d'association secrète, furent condamnés à mort et exécutés le 21 septembre (1822), malgré la sympathie qu'inspiraient leur jeunesse et leur union fraternelle.

VII. — Personnages célèbres.

Treizième siècle. — ALEXANDRE AUFREI ou AUFRÉDI, bourgeois de la Rochelle et armateur, qui possédait un grand nombre de navires ; il a fondé un hôpital qui subsiste encore. Mort en 1220.

Quinzième siècle. — PIERRE DORIOLE, né à la Rochelle (1407-1485), chancelier de France sous Louis XI. — MÉRICHON, mort vers 1498.

Seizième siècle. — LANCELOT DU VOISIN DE LA POPELINIÈRE (1541-1608), historien protestant. — THÉODORE-AGRIPPA D'AUBIGNÉ (1550-1630), historien et poëte satirique d'une rare énergie, prend place parmi nos meilleurs écrivains. C'est de lui que descendait Mᵐᵉ de Maintenon (née d'Aubigné).

Dix-septième siècle. — AMOS BARBOT (1566-1625). — MERLIN (1566-1620), orateur et historien, ministre protestant et poëte. — JEAN-OGIER DE GOMBAULT, poëte et l'un des premiers membres de l'Académie française (1576-1666). — JEAN GUITON (1585-1654), maire de la Rochelle lors du siége de 1628, célèbre par l'énergie qu'il déploya dans la résistance. —

Étienne Huet, commentateur de la coutume de la Rochelle. — Philippe Vincent (1595-1651), orateur, annaliste, théologien, moraliste. — Gédéon Tallemant des Réaux (1619-1692), auteur des *Historielles*, sorte de chronique scandaleuse de la société du temps. — Samuel Champlain, célèbre voyageur, fondateur de Québec, mort en 1635. — Tessereau (1626-1691), historien de la Rochelle et de la province.

Dix-huitième siècle. — Réaumur (René-Antoine Ferchaud, seigneur de), mathématicien, physicien et naturaliste, l'une des gloires de la science française; né à la Rochelle en 1683, mort en 1757. Un thermomètre, encore en usage, a conservé son nom. — Desaguliers (1683-1744), mécanicien, mathématicien, astronome et l'un des plus célèbres disciples de Newton. — Dupaty (1746-1788), orateur et philanthrope. — La Galissonnière (marquis de la) (1693-1756), une des gloires de la marine française, contribua à la conquête de Minorque et de Port-Mahon et battit la flotte anglaise de l'amiral Bing. — Le P. Jaillot et le P. Arcère (1692-1782), historiographes de la Rochelle et du pays d'Aunis. — Billaud-Varennes (1760-1819), conventionnel, un des principaux acteurs des journées les plus terribles de la Révolution. — Le général comte de Chasseloup-Laubat (1754-1833), célèbre par ses travaux comme ingénieur militaire. — Le baron de Chassiron (1755-1825), agronome, auteur du canal de Niort à la Rochelle. — Gauffier, peintre (1761-1801). — Regnault de Saint-Jean-d'Angely (1762-1819), homme d'État du premier Empire.

Dix-neuvième siècle.— Charles-Marie Dessalines d'Orbigny (1770-1856), médecin et naturaliste. Un de ses fils, Alcide (1803-1857), est connu par ses beaux travaux de paléontologie. — Duperré (Guy-Victor), né à la Rochelle (1775-1846), amiral et ministre de la marine sous Louis-Philippe. — Fleuriau de Bellevue (1761-1852), naturaliste et philanthrope. — Aimé Bonpland, naturaliste, collaborateur de Humboldt. — D. Massiou (1800-1854), historien. — M. Eugène Pelletan, littérateur et homme politique, né à Royan en 1813. — Eugène Fromentin (1820-1876), écrivain et peintre. — M. Wil-

LIAM BOUGUEREAU, peintre, né à la Rochelle en 1825, prix de Rome en 1850.

VIII.—Population, langue, cultes, instruction publique.

La *population* de la Charente-Inférieure s'élève, d'après le recensement de 1876, à 465,628 habitants. A ce point de vue, c'est le 24e département. Le chiffre des habitants divisé par celui des hectares donne environ 69 habitants par 100 hectares ou par kilomètre carré (à peu près la moyenne de la France) : c'est ce qu'on nomme la *population spécifique*.

Depuis 1801, date du premier recensement, la Charente-Inférieure a gagné 66,466 habitants.

Les habitants des arrondissements de Saint-Jean-d'Angely, Saintes et Jonzac se servent d'un patois dérivé de la langue d'oïl et offrant un mélange d'expressions celtiques, anglaises et latines.

Les *cultes* sont inégalement partagés : sur les 465,628 habitants de 1876, on comptait 18,000 protestants et 500 israélites.

Le nombre des *naissances* a été, en 1875, de 11,110; celui des *décès*, de 9,353 ; celui des *mariages*, de 4,227.

La *vie moyenne* est de 37 ans 10 mois.

Le *lycée* de la Rochelle a compté, en 1876, 276 élèves ; les *collèges communaux* de Rochefort et de Saintes, 500. Il existe dans le département 935 *écoles* (465 publiques de garçons, 289 publiques de filles, 31 libres de garçons, 150 libres de filles). 796 de ces écoles, dont 679 publiques, sont dirigées par des laïques; 137, dont 12 de garçons, par des congréganistes (1875). Des 55,970 enfants qui les fréquentent, 46,383 vont aux écoles laïques, 9,587 aux écoles congréganistes. Il existe en outre dans le département 359 cours d'adultes, une *école normale primaire* à Lagord (40 élèves); 252 *bibliothèques scolaires; 8 institutions secondaires libres*, et 21 *salles d'asile*.

IX. — Divisions administratives.

Le département de la Charente-Inférieure forme le diocèse de la Rochelle (suffragant de Bordeaux); — la 1re et la 2e subdivisions de la 35e division militaire (Bordeaux) du 18e corps d'armée (Bordeaux). — Il ressortit à la Cour d'appel de Poitiers, — à l'Académie de Poitiers, — à la 14e légion de gendarmerie (Bordeaux), — à la 11e inspection des ponts et chaussées, — à la 24e conservation des forêts (Niort), — au 4e arrondissement maritime (Rochefort), — à l'arrondissement minéralogique de Périgueux (division du Centre), — à la 4e région agricole (Ouest). — Il comprend six arrondissements (Jonzac, Marennes, Rochefort, la Rochelle, Saint-Jean-d'Angely, Saintes), 40 cantons, 481 communes et 465,628 habitants.

Chef-lieu du département : LA ROCHELLE.

Chefs-lieux d'arrondissement : JONZAC, MARENNES, ROCHEFORT, LA ROCHELLE, SAINT-JEAN-D'ANGELY, SAINTES.

Arrondissement de Jonzac (7 cant.; 120 com.; 152,298 hect.; 79,181 hab.).

Canton d'Archiac (17 com.; 19,358 hect.; 10,872 hab.). — Allas-Champagne — Archiac — Arthenac — Brie-sous-Archiac — Celles — Cierzac — Germignac — Jarnac-Champagne — Lonzac — Neuillac — Neulles — Saint-Ciers-Champagne — Saint-Eugène — Saint-Germain-de-Vibrac — Sainte-l'Heurine — Saint-Maigrin — Saint-Martial-de-Coculet.

Canton de Jonzac (20 com.; 16,946 hect.; 11,795 hab.). — Agudelle — Champagnac — Chaunac — Fontaine-d'Ozillac — Guittinières — Jonzac — Léoville — Lussac — Meux — Moings — Mortiers — Ozillac — Réaux — Saint-Germain-de-Lusignan — Saint-Martial-de-Vitaterne — Saint-Maurice-de-Tavernolle — Saint-Médard — Saint-Simon-de-Bordes — Vibrac — Villexavier.

Canton de Mirambeau (19 com.; 26,035 hect.; 14,644 hab.). — Allas-Bocage — Boisredon — Consac — Courpignac — Mirambeau — Nieul-le-Virouil — Saint-Bonnet — Saint-Ciers-du-Taillon — Saint-Dizant-du-Bois — Saint-Georges-des-Agouts — Saint-Hilaire-du-Bois — Saint-Martial-de-Mirambeau — Saint-Sorlin-de-Conac — Saint-Thomas-de-Conac — Sainte-Ramée — Salignac — Semillac — Semoussac — Soubran.

Canton de Montendre (19 com.; 14,497 hect.; 7,869 hab.). — Bran — Chamouillac — Chardes — Chartuzac — Corignac — Coux — Expiremont — Jussas — Messac — Montendre — Moulons — Pommiers — Rouffignac — Saint-Maurice-de-Laurençanne — Sonneras — Sousmoulins — Tugeras — Vallet — Vanzac.

Canton de Montguyon (14 com.; 32,238 hect.; 12,660 hab.). — Barde (la) — Boresse-et-Martron — Boscamenant — Cercoux — Clerac — Clotte (la) — Fouilloux (le) — Génétouze (la) — Montguyon — Neuvicq — Saint-Aigulin — Saint-Martin-d'Ary — Saint-Martin-de-Coux — Saint-Pierre-du-Palais.

Canton de Montlieu (14 com. ; 21,769 hect. ; 9,018 hab.). — Bédenac — Bussac — Chatenet — Chepniers — Chevanceaux — Garde (la) — Mérignac — Montlieu — Orignolles — Pin (le) — Polignac — Pouillac — Sainte-Colombe — Saint-Palais-de-Négrignac.

Canton de Saint-Genis (17 com. ; 28,855 hect. ; 12,525 hab.). — Antignac — Bois — Champagnolles — Clam — Clion — Givrezac — Lorignac — Mosnac — Plassac — Saint-Dizant-du-Gua — Saint-Fort — Saint-Genis — Saint-Georges-de-Cubillac — Saint-Germain-du-Seudre — Saint-Grégoire-d'Ardennes — Saint-Palais-de-Phiolin — Saint-Sigismond-de-Clermont.

Arrondissement de Marennes (6 cant. ; 34 com. ; 79,045 hect. ; 53,120 hab.).

Canton du Château (3 com. ; 5,787 hect. ; 6,524 hab.). — Château (le) — Dolus — Saint-Trojan.

Canton de Marennes (5 com. ; 18,031 hect. ; 10,432 hab.). — Gua (le) — Hiers-Brouage — Marennes — Saint-Just — Saint-Sornin-Nieulle.

Canton de Royan (7 com. ; 9,632 hect. ; 9,306 hab.). — Breuillet — Éguille (l') — Mornac — Royan — Saint-Palais-sur-Mer — Saint-Sulpice-de-Royan — Vaux.

Canton de Saint-Agnant (10 com. ; 17,451 hect. ; 6,383 hab.). — Beaugeay — Champagne — Échillais — Moëze — Saint-Agnant — Saint-Froult — Saint-Jean-d'Angle — Saint-Nazaire — Saint-Symphorien — Soubise.

Canton de Saint-Pierre (3 com. ; 10,585 hect. ; 11,894 hab.). — Saint-Denis — Saint-Georges — Saint-Pierre.

Canton de la Tremblade (6 com. ; 17,577 hect. ; 8,406 hab.). — Arvert — Chaillevette — Étaules — Mathes (les) — Saint-Augustin — Tremblade (la).

Arrondissement de Rochefort (5 cant. ; 41 com. ; 74,387 hect. ; 67,116 hab.).

Canton d'Aigrefeuille (11 com. ; 18,053 hect. ; 10,398 hab.). — Aigrefeuille — Ardillières — Ballon — Bouhet — Chambon — Ciré — Forges — Landrais — Thairé — Thou (le) — Virson.

Canton de Rochefort (Nord) (3 com. ; 4,560 hect. ; 14,064 hab.). — Breuil-Magné — Loire — Rochefort (Nord).

Canton de Rochefort (Sud) (6 com. ; 7,944 hect. ; 16,734 hab.). — Fouras — Ile-d'Aix — Rochefort (Sud) — Saint-Laurent-de-la-Prée — Vergeroux — Yves.

Canton de Surgères (12 com. ; 22,992 hect. ; 14,738 hab.). — Breuil-la-Réorte — Marsais — Péré — Puyravault — Saint-Georges-du-Bois — Saint-Germain-de-Marencennes — Saint-Mard — Saint-Pierre-d'Amilly — Saint-Saturnin-du-Bois — Surgères — Vandré — Vouhé.

Canton de Tonnay-Charente (10 com. ; 20,838 hect. ; 10,982 hab.). — Genouillé — Lussant — Moragne — Muron — Puy-du-Lac — Saint-Clément — Saint-Coutant-le-Grand — Saint-Crépin — Saint-Hippolyte — Tonnay-Charente.

....

Arrondissement de la Rochelle (7 cant.; 55 com.; 81,270 hect.; 80,380 hab.).

Canton d'Ars (5 com.; 4,155 hect.; 6,326 hab.). — Ars — Couarde (la) — Loix — Portes (les) — Saint-Clément-des-Baleines.

Canton de Courçon (14 com.; 25,307 hect.; 13,643 hab.). — Angliers — Benon — Courçon — Cramchaban — Ferrières — Gué-d'Alleré (le) — Laigne (la) — Nuaillé — Ronde (la) — Saint-Cyr-du-Doret — Saint-Jean-de-Liversay — Saint-Martin-de-Villeneuve — Saint-Sauveur-de-Nuaillé — Taugon.

Canton de la Jarrie (14 com.; 14,301 hect.; 11,459 hab.). — Anais — Bourgneuf — Clavette — Croix-Chapeau — Jarne (la) — Jarrie (la) — Montroy — Saint-Christophe — Saint-Médard — Saint-Rogatien — Sainte-Soulle — Saint-Vivien — Salles — Vérines.

Canton de Marans (6 com.; 18,619 hect.; 8,063 hab.). — Andilly — Charron — Longèves — Marans — Saint-Ouen — Villedoux.

Canton de la Rochelle (Est) (7 com.; 8,216 hect.; 14,830 hab.). — Angoulins — Aytré — Dompierre — Lagord — Périgny — Puilboreau — Rochelle (la).

Canton de la Rochelle (Ouest) (7 com.; 6,315 hect.; 16,776 hab.). — Esnandes — Houmeau (l') — Laleu — Marsilly — Nieul — Rochelle (la) — Saint-Xandre.

Canton de Saint-Martin-de-Ré (4 com.; 4,357 hect.; 9,283 hab.). — Bois (le) — Flotte (la) — Sainte-Marie — Saint-Martin.

Arrondissement de Saintes (8 cant.; 110 com.; 155,310 hect.; 104,604 hab.).

Canton de Burie (10 com.; 12,209 hect.; 9,052 hab.). — Burie — Chérac — Dompierre — Écoyeux — Migron — Saint-Bris-des-Bois — Saint-Césaire — Saint-Sauvant — Seurre (le) — Villars-les-Bois.

Canton de Cozes (15 com.; 19,917 hect.; 12,197 hab.). — Arces — Barzan — Boutenac — Brié-sous-Mortagne — Chenac — Cozes — Épargnes — Floirac — Grézac — Meschers — Mortagne — Saint-Romain-de-Beaumont — Saint-Seurin-d'Uzet — Semussac — Talmont.

Canton de Gémozac (16 com.; 25,866 hect.; 13,991 hab.). — Berneuil — Cravans — Gémozac — Jazennes — Meursac — Montpellier — Rétaud — Rioux — Saint-André-de-Lidon — Saint-Quantin-de-Ransanne — Saint-Simon-de-Pellouaille — Tanzac — Tesson — Thaims — Villars-en-Pons — Virollet.

Canton de Pons (19 com.; 23,960 hect.; 16,025 hab.). — Avy — Belluire — Biron — Bougneau — Brives — Chadenac — Coulonges — Échebrune — Fléac — Marignac — Mazerolles — Montils — Pérignac — Pons — Rouffignac — Saint-Léger — Saint-Seurin-de-Palenne — Saint-Sever — Salignac.

Canton de Saintes (Nord) (8 com.; 10,951 hect.; 13,487 hab.). — Bussac — Chaniers — Chapelle-des-Pots (la) — Douhet (le) — Fontcouverte — Saintes (Nord) — Saint-Vaize — Vénérand.

Canton de Saintes (Sud) (15 com.; 17,417 hect.; 15,092 hab.). —

Chermignac — Colombiers — Courcoury — Écurat — Gonds (les) — Jard (la) — Nieul-lès-Saintes — Pessines — Préguillac — Saintes (Sud) — Saint-Georges-des-Coteaux — Thenac — Varzay.

Canton de Saint-Porchaire (16 com.; 24,258 hect.; 12,782 hab.). — Beurlay — Crazannes — Essards (les) — Geay — Mung (le) — Plassay — Pont-l'Abbé — Port-d'Envaux — Romegoux — Saint-Porchaire — Saint-Sulpice-d'Arnoult — Sainte-Gemme — Sainte-Radegonde — Souligonne — Trizay — Vallée (la).

Canton de Saujon (14 com.; 20,732 hect.; 13,078 hab.). — Balanzac — Chay (le) — Clisse (la) — Corme-Écluse — Corme-Royal — Luchat — Médis — Nancras — Pisanny — Sablonceaux — Saint-Georges-de Didonne — Saint-Romain-de-Benet — Saujon — Thézac.

Arrondissement de Saint-Jean-d'Angely (7 cant.; 120 com. 140,155 hect.; 82,127 hab.).

Canton d'Aulnay (25 com.; 33,530 hect.; 14,226 hab.). — Aulnay — Blanzay — Cherbonnières — Chives — Contré — Dampierre — Éduts (les) — Fontaine-Chalandray — Gicq (le) — Loiré — Néré — Nuaillé — Paillé — Romazières — Saint-Georges-de-Longue-Pierre — Saint-Mandé — Saint-Martin-de-Juillers — Saint-Pierre-de-Juillers — Saleignes — Salles — Seigné — Villedieu (la) — Villemorin — Villiers-Couture — Vinax.

Canton de Loulay (17 com.; 17,623 hect.; 9,456 hab.). — Bernay — Coivert — Courant — Croix-Comtesse (la) — Dœuil — Jarrie-Audoin (la) — Loulay — Lozay — Migré — Saint-Félix — Saint-Martial — Saint-Martin-de-la-Coudre — Saint-Pierre-de-l'Isle — Saint-Séverin — Vergné — Villeneuve-la-Comtesse — Villenouvelle.

Canton de Matha (25 com.; 28,489 hect.; 17,233 hab.). — Bagnizeau — Ballans — Bazauges — Beauvais-sur-Matha — Blanzac — Bresdon — Brie-sous-Matha — Brousse (la) — Courcerac — Cressé — Gibourne — Gourvillette — Haimps — Louzignac — Macqueville — Massac — Matha — Mons — Neuvicq — Prignac — Saint-Ouen — Siecq — Sonnac — Thors — Touches-de-Périgny (les).

Canton de Saint-Hilaire (12 com.; 12,144 hect.; 7,904 hab.). — Aujac — Aumagne — Authon — Bercloux — Brizambourg — Ébéon — Fredière (la) — Juicq — Nantillé — Saint-Hilaire — Saint-Même — Villepouge.

Canton de Saint-Jean-d'Angely (20 com.; 23,351 hect.; 18,489 hab.). — Antezant — Asnières — Benâte (la) — Bignay — Chapelle-Bâton (la) — Courcelles — Églises-d'Argenteuil (les) — Fontenet — Landes — Mazeray — Poursay-Garnaud — Saint-Denis-du-Pin — Saint-Jean-d'Angely — Saint-Julien-de-Lescap — Saint-Pardoult — Ternant — Varaize — Vergne (la) — Vervant — Voissay.

Canton de Saint-Savinien (12 com.; 15,718 hect.; 10,160 hab.). — Agonnay — Annepont — Archingeay — Bords — Champdolent — Coulonge — Fenioux — Grandjean — Nouillers (les) — Saint-Savinien — Taillant — Taillebourg.

Canton de Tonnay-Boutonne (9 com.; 9,300 hect.; 4,659 hab.). —

Annezay — Chantemerle — Chervettes — Nachamps — Puyrolland — Saint-Laurent-de-la-Barrière — Saint-Loup — Tonnay-Boutonne — Torxé.

X. — Agriculture.

Sur les 682,569 hectares du département, on compte en nombres ronds :

Terres labourables.	339,000 hectares.
Prés.	84,000
Vignes.	108,700
Bois.	74,600
Landes.	27,900

Le reste se partage entre les farineux, les cultures potagères, maraîchères et industrielles, les étangs, les emplacements de villes, de bourgs, de villages, de fermes, les surfaces prises par les routes, les cimetières, etc.

En nombres ronds, on compte dans le département : 35,400 chevaux (de bonne race), ânes et mulets; 115,600 bœufs estimés, 238,700 moutons, 55,900 porcs, 7,000 chèvres et plus de 28,000 chiens.

La **vigne** est la principale richesse du pays, qui possède le plus grand vignoble de la France après celui de la Gironde. La production vinicole du pays s'élève chaque année, en moyenne, à 408,000 hectolitres de vin rouge et à plus de 2 millions d'hectolitres de vin blanc qui est converti en eaux-de-vie. « Sans parler des îles de Ré et d'Oleron, dit M. Victor Rendu, dont les eaux-de-vie ont peu d'importance, on distingue : — 1° les eaux-de-vie du littoral, c'est-à-dire celles tirées des vignes situées sur le bord de la mer, de Marsilly à Saint-Vivien, sur une étendue de 4 à 5 kilomètres : elles sont médiocrement estimées; — 2° les eaux-de-vie de la zone comprise entre les marais de Longève et ceux de Ballon et de Ciré, sur une largeur de 6 à 7 kilomètres. Supérieures à celles de la zone précédente, elles ne valent pas les eaux-de-vie de la troisième zone, comprise entre Lalaigne, Péré et Surgères. » Malheureusement le *phylloxera* exerce ses ravages dans les arrondissements de Saintes, Saint-Jean-d'Angely et Jonzac.

Haimps, Fontenet, Fontaines-Chalandray, etc., récoltent des vins délicats qui ne sont pas convertis en eaux-de-vie. Il est fâcheux que les plants fins qui les produisent soient remplacés chaque année par des cépages médiocres, mais très-productifs.

L'immense développement que la culture des *céréales* a pris dans la Charente-Inférieure provient du desséchement de nombreux marais; ceux de la Sèvre et du sud-ouest de l'arrondissement de Rochefort produisent du froment, de l'avoine, de l'orge et des plantes légumineuses. Dans les vallons humides, dans les magnifiques *prairies naturelles* des bords de la Charente croissent des foins très-estimés. D'immenses prairies artificielles sont ensemencées de luzerne, de sainfoin et de trèfle. Enfin il se récolte beaucoup de lin et du très-beau chanvre, et, dans l'arrondissement de Marennes, des *fèves de marais* regardées comme les meilleures de la France.

Le département possède peu de forêts. Les hautes futaies qui couvraient autrefois une grande partie de l'Aunis et de la Saintonge ont été absorbées par les constructions de la marine. Les *forêts* de Benon, d'Aulnay et d'Essouvert ont seules quelque importance. Composées principalement de chênes, elles renferment beaucoup moins de bois blanc que les forêts du nord de la France. Outre le chêne de plusieurs espèces, on y trouve cependant l'orme, le bouleau, le marronnier, le peuplier, le frêne, le tremble, le noyer, le pin et le coudrier. Les arbres fruitiers les plus répandus sont le pêcher, l'abricotier, le poirier, le pommier, l'amandier, le figuier, le cerisier et le châtaignier. Il existe une ferme-école à Puilboreau, près de la Rochelle.

XI. — Industrie.

La principale industrie du pays consiste dans l'exploitation des vastes **marais salants** du littoral des arrondissements de la Rochelle et de Marennes. Ces marais fournissent des sels lourds et des sels légers, des sels blancs pour les usages culinaires, des sels verts, propres à la salaison du poisson, et des sels rouges, chargés d'oxyde de fer qui sont expédiés aux raffineries du Nord. La superficie des marais productifs dépasse 11,000 hectares; le nombre des ouvriers s'élève à 4,000. La fabrication du sel se fait par l'évaporation spontanée, à la chaleur du soleil, de l'eau de mer répartie dans un grand nombre de bassins.

Le département exploite aussi de la marne, du plâtre, de la tourbe principalement aux environs de Marennes, des carrières de pierre à chaux, de pierres meulières et d'excellentes pierres de taille.

Les principales carrières de pierre sont ouvertes dans le rocher crayeux; celles du Douhet, de la Rochette (hameau de la commune de Guitinières), d'Ortebise (commune de Jonzac) donnent des pierres excellentes; mais elles le cèdent pour l'abondance et pour la qualité des produits à celles de Saint-Savinien. Sans compter les nombreuses carrières à ciel ouvert ou à galeries de l'Héraudière, des Hubles, de Barbaras, du Pontreau, de la Rabissonnière, répandues sur le territoire de la commune, Saint-Savinien exploite une carrière horizontale ouverte à une grande profondeur et produisant annuellement 160,000 à 200,000 mètres cubes de pierres de taille dont l'extraction occupe 130 à 150 ouvriers.

La Charente-Inférieure est assez riche en *eaux minérales;* mais ces eaux ne sont pas fréquentées. Les eaux ferrugineuses d'Archingeay ont toutes les propriétés des eaux martiales et savonneuses. Soubise, au lieu dit la Rouillasse, Chepniers, Bussac, Montendre possèdent aussi des sources ferrugineuses. Les eaux de Vinade (commune d'Orignolles) sont hydro-sulfureuses ; celles du Joli-Sable, dans la commune de Pons, sont à la fois sulfureuses et ferrugineuses.

Les habitants de la Charente-Inférieure ont su mettre à profit les rivages incultes de la Seudre en créant, dans l'élève des huîtres, une des branches principales et les plus curieuses de l'industrie charentaise. Les **huîtrières** sont des réservoirs en forme de bassins murés, en pierres sèches, au-dessous du niveau de la marée haute. On y dépose les huitres provenant du dragage sur les fonds où il existe des bancs de ce coquillage ou importées des côtes bretonnes ; et on les y conserve pendant deux ou trois ans, en ayant soin de les dévaser de temps en temps, jusqu'à ce qu'elles aient acquis un volume, une couleur et une délicatesse qui permettent de les livrer à la consommation. Les villages de Marsilly, Villedoux, Esnandes, situés dans l'arrondissement de la Rochelle, sont le centre d'une industrie spéciale, qui atteint des résultats importants et qu'on pourrait appeler la culture des moules. « Les petites moules, écloses au printemps, dit M. de Quatrefages, portent le nom de *semence.* Elles ne sont guère plus grosses que des lentilles jusque vers la fin de mai. A partir de cette époque, elles grossissent rapidement, et, en juillet, elles atteignent la taille d'un haricot. Alors elles prennent le nom de *renouvelain* et sont bonnes à *transplanter ;* pour cela, on les détache des bouchots placés au plus bas de l'eau, et on les place dans des poches faites de vieux filets, que l'on fixe sur des clayonnages moins avancés en mer. Les jeunes moules se répandent tout autour de la poche et s'attachent.... A mesure qu'elles grossissent et que l'espace commence à leur manquer, on les *éclaircit* et on les repique sur de nouveaux pieux de plus en plus rapprochés du rivage. Enfin on *plante* sur les bouchots les plus élevés les moules qui ont acquis toute leur taille et sont devenues marchandes. C'est là que se fait la *récolte.* »

La *distillation des eaux-de-vie* est devenue une industrie très-importante. Autrefois chaque propriétaire opérait lui-même sa fabrication; aujourd'hui un grand nombre de producteurs vendent leurs vins à des bouilleurs de profession.

Il y a des *verreries* à Valin (commune de Cercoux), à la Tremblade, au Gibaud (commune du Fouilloux), à Clérac, etc. — De nombreuses poteries, fabriques de grands carreaux, briques et faïencerie, établies à Saint-Germain-du-Seudre, Mirambeau, Montendre, Archingeay, la Chapelle-aux-Pots, etc., doivent leur origine au célèbre potier de Saintes, Bernard Palissy. — On trouve aussi dans le département de la Charente-Inférieure quelques raffineries de sucre, des fabriques de grosses étoffes de laine, des tanneries et des mégisseries dont les produits sont assez estimés, des vinaigreries, une importante fabrique de produits chimiques (Marennes), de nombreuses corderies, des chantiers pour la construction des bateaux et des navires : ceux de Rochefort permettent de construire à la fois 18 bâtiments de premier rang. Enfin on compte dans la Charente-Inférieure 700 à 800 filatures ou fabriques de toiles et environ 2,600 moulins à eau ou à vent.

XII. — Commerce, chemins de fer, routes.

Le commerce de la Charente-Inférieure consiste principalement dans l'*importation* des bois de construction pour la marine, bois de sapins, solives, planches, perches, avirons fournis par les Landes et la Norvége, charbon de terre, suifs, chanvre, et des merrains ou bois de châtaignier pour barriques et pour échalas.

On *exporte :* des vins et des eaux-de-vie célèbres sous le nom d'eaux-de-vie de Cognac, qui sont expédiées dans toute la France, en Angleterre, en Russie et en Amérique (les marchés les plus importants pour la vente des eaux-de-vie sont Saint-Jean-d'Angely, Surgères et la Rochelle); du sel, la richesse la plus importante du département, que l'on tire des marais salants situés dans les arrondissements de la Rochelle, de Marennes, de Rochefort, de Saintes (bords de la Gironde) et dans les îles de Ré et d'Oleron. Le commerce d'exportation est en outre alimenté par les huîtres vertes, les moules qui sont expédiées à Tours, Limoges et Bordeaux, le vinaigre, les laines brutes, les tartres, les grains, les pierres de taille, les briques, le guano, les conserves de sardines, et les fèves de marais dont il s'expédie des quantités considérables. Les poissons frais et les poissons salés, les pierres meulières, les poteries grossières, le beurre, les œufs et la volaille qu'on envoie principalement à Bordeaux forment aussi une partie assez importante de l'industrie commerciale du département.

Le département de la Charente-Inférieure est traversé par 9 chemins de fer, d'un développement total de 331 kilomètres.

1° Le chemin de fer *de Paris à la Rochelle* entre dans le département un peu au delà de la station de Mauzé (Deux-Sèvres). Son parcours est de 45 kilom., pendant lesquels il dessert les gares et stations suivantes : Surgères, Chambon, Aigrefeuille, la Jarrie et la Rochelle.

2° Le chemin de fer *d'Angoulême à Rochefort* entre dans le département au Pérat et a un parcours de 65 kilomètres, pendant lesquels il dessert les gares et stations suivantes : le Pérat, Brives-Chérac, Beillant, Chaniers, Saintes, Taillebourg, Saint-Savinien, Bords, Tonnay-Charente et Rochefort.

3° Le chemin de fer *d'Aigrefeuille à Rochefort,* qui a 17 kilomètres de développement, ne dessert qu'une station intermédiaire, celle de Ciré.

4° Le chemin de fer *de la Roche-sur-Yon à la Rochelle* passe du département de la Vendée dans celui de la Charente-Inférieure à 5 kilomètres environ en deçà de la station de Marans. Les autres gares sont établies à Andilly-Saint-Ouen, Dompierre et la Rochelle. Parcours, 27 kilomètres.

5° La ligne directe *de la Rochelle à Rochefort* (29 kilomètres) dessert les stations d'Angoulins, de Châtelaillon, Saint-Laurent-Fouras et Rochefort.

6° La ligne *de Saintes à Bordeaux* se détache de celle d'Angoulême à Rochefort à la station de Beillant. Après avoir desservi les stations de Montils, Pons, Mosnac, Jonzac, Fontaines-d'Ozillac, Tugéras-Chartuzac, Montendre et Bussac, elle entre dans le département de la Gironde. Parcours, 71 kilomètres.

7° Le chemin de fer *de Pons à Royan* (47 kilomètres) dessert Jazennes-Tanzac, Gémozac, Saint-André-de-Lidon, Cozes, la Traverserie, Saujon, Médis et Royan.

8° L'embranchement *de Saujon à la Grève* (24 kilomètres) passe à Fontbedeau, Mornac, Chaillevette, Étaules, Arvert, la Tremblade et la Grève.

9° Le chemin de fer *de Paris à Bordeaux* traverse l'extrémité sud-est du département sur une longueur de 6 kilomètres et y a une station appelée la Roche-Chalais-Saint-Aigulin.

D'autres chemins de fer, en construction, relieront Rochefort à Marennes et à la pointe Chapus, Taillebourg à Saint-Jean-d'Angely et à Niort, Surgères à Saint-Jean-d'Angely et à Cognac.

Les voies de communication comptent 10,364 kilomètres, savoir :

9 chemins de fer.			331 kil.
9 routes nationales.			431 1/2
21 routes départementales			633 1/2
3,463 chemins vicinaux.	82 de grande communication.	1,715	8691 1/2
	86 de moyenne communication.	1,067	
	3,295 de petite communication.	5,909 1/2	
5 rivières navigables.			203 1/2
3 canaux.			75

XIII. — Dictionnaire des communes.

Agnant-les-Marais (**Saint-**), 1,136 hab., ch.-l. de c. de l'arrondissement de Marennes. ⟿ Ruines de l'abbaye de Montierneuf.

Agonnay, 198 hab., c. de Saint-Savinien.

Agudelle, 230 hab., c. de Jonzac.

Aigrefeuille, 1,881 hab., ch.-l. de c. de l'arrond. de Rochefort. ⟿ Église du XIVe s. — Ruines d'un château.

Aigulin (**Saint-**), 1,601 hab., c. de Montguyon. ⟿ Le Maine-du-Four, camp présumé romain.

Aix (**Ile d'**), 312 hab., île de l'Océan et com. du c. S. de Rochefort, avec une des plus sûres et des plus belles rades de France, des fortifications tracées par Vauban, et de formidables batteries terminées en 1814.

Allas-Bocage, 533 hab., c. de Mirambeau. ⟿ Dans l'église, du XIIe s., baptistère de la même époque et tombeau de 1261.

Allas-Champagne, 522 hab., c. d'Archiac.

Anais, 327 hab., c. de Marans.

Andilly-les-Marais, 1,153 hab., c. de Marans. ⟿ Ruines d'un prieuré et d'un château; vastes souterrains.

André-de-Lidon (**Saint-**), 1,259 hab., c. de Gémozac.

Angliers, 396 hab., canton de Courçon.

Angoulins, 807 hab., c. (Est) de la Rochelle. ⟿ Église fortifiée du XIe s. — Vestiges de la commanderie de Malte de Sècheboue. — A Châtelaillon, ruines d'une église de Camaldules (XIIe et XVe s.). — De la pointe de Châtelaillon, falaise calcaire qui s'avance encore en mer à plus de 6 kil., on se rendait autrefois à pied sec dans l'île d'Aix, en passant par les deux villes de Châtelaillon et de Montmélian, qui ont disparu dans les flots avec les falaises qui les portaient. Bains de mer à Châtelaillon.

Annepont, 362 hab., c. de Saint-Savinien.

Annezay, 410 hab., c. de Tonnay-Boutonne.

Antezant, 589 hab., c. de Saint-Jean-d'Angely.

Antignac, 155 hab., c. de Saint-Genis.

Arces, 859 hab., c. de Cozes.

Archiac, 1,178 hab., ch.-l. de c. de l'arrond. de Jonzac. ⟿ Deux dolmens. — Tombelle. — Belles ruines d'un château.

Archingeay, 1,083 hab., c. de Saint-Savinien.

Ardillières, 834 hab., c. d'Aigrefeuille. ⟿ Deux dolmens.

Ars-en-Ré, 2,012 hab., un des deux ch.-l. de c. de l'île de Ré (arrond. de la Rochelle), port de mer. ⟿ Église du XIVe s., surmontée d'un beau clocher (monument historique[1]), avec balustrade et flèche à jour, haute de 41 mèt., qui sert d'amer aux navigateurs.

[1] On appelle *monuments historiques* les édifices reconnus officiellement comme

Arthenac, 645 hab., c. d'Archiac.

Arvert, 2,443 hab., c. de la Tremblade. — Temple protestant.

Asnières, 1,327 hab., c. de Saint-Jean-d'Angely. ⟶ Église du XIIIe s.

Augustin (Saint-), 499 hab., c. de la Tremblade. ⟶ Dolmens et tombelles. — Temple protestant.

Aujac, 791 hab., c. de Saint-Hilaire.

Aulnay-de-Saintonge, 1,955 hab., ch.-l. de c. de l'arrond. de Saint-Jean-d'Angely. ⟶ Donjon cylindrique du XIIIe s. — Dans le cimetière, sur la route de Melle à Saint-Jean-d'Angely, à 500 mèt. du bourg, église paroissiale (monument historique), un des édifices romans les plus ornés qui se voient en France. La façade, flanquée de deux clochetons, présente trois magnifiques arcades en ogive; celle du centre, dont les voussures sont taillées en bas-reliefs et en statuettes, sert de porte principale; les arcades latérales, à décoration végétale, encadrent deux grands sujets sculptés et jadis peints: le *Martyre de saint Pierre*, à gauche; le *Christ docteur entre deux anges*, à droite. L'église a un transsept dont un croisillon est percé d'une large porte à plein cintre, somptueusement ornée sur son pourtour et surmontée d'une belle fenêtre où quatre guerriers sont représentés se cachant derrière leurs boucliers. Les murs latéraux de la nef et l'abside sont tapissés de grandes arcades avec moulures et colonnettes. Sur la croisée, s'élève un clocher à trois étages, couronné d'une haute flèche en ardoises. L'intérieur est divisé en trois nefs voûtées, assez élégantes, mais beaucoup moins ornées que les parties extérieures. Près de la porte principale, gît le piédestal d'une ancienne croix de cimetière (?), orné de huit statuettes du XIIe s. La croix actuelle présente aussi d'intéressantes sculptures. — Temple protestant.

Aumagne, 1,266 hab., c. de Saint-Hilaire.

Authon, 672 hab., c. de Saint-Hilaire.

Avy, 516 hab., c. de Pons.

Aytré, 840 hab., c. (Est) de la Rochelle. ⟶ Église fortifiée, qui fut assiégée en 1621 par les troupes de Louis XIII.

Bagnizeau, 366 hab., c. de Matha.

Balanzac, 642 hab., c. de Saujon.

Ballans, 518 hab., c. de Matha.

Ballon, 663 hab., c. d'Aigrefeuille.

Barde (La), 636 hab., c. de Montguyon.

Barzan, 568 hab., c. de Cozes.

Baugeay, 240 hab., c. de Saint-Agnant. ⟶ Deux dolmens.

Bazauges, 339 hab., c. de Matha.

Beauvais-sur-Matha, 1,126 hab., c. de Matha.

Bédenac, 597 hab., c. de Montlieu.

Belluire, 178 hab., c. de Pons.

Benate (La), 604 hab., c. de Saint-Jean-d'Angely.

Benon, 874 hab., c. de Courçon.

Bercloux, 692 hab., c. de Saint-Hilaire.

Bernay, 879 hab., c. de Loulay.

Berneuil, 1,024 hab., c. de Gémozac.

Beurlay, 706 hab., c. de Saint-Porchaire.

Bignay, 469 hab., c. de Saint-Jean-d'Angely. ⟶ Église du XVe s., surmontée d'une belle flèche en pierre.

Biron, 409 hab., c. de Pons.

Blanzac, 526 hab., c. de Matha.

Blanzay, 239 hab., c. d'Aulnay.

Bois (Le), 1,633 hab., c. de Saint-Martin-de-Ré. ⟶ Tombelles. — Petit musée.

Bois, 852 hab., c. de Saint-Genis.

Boisredon, 1,296 hab., c. de Mirambeau.

Bonnet (Saint-), 1,507 hab., c. de Mirambeau.

Bords, 1,122 hab., c. de Saint-Savinien. ⟶ Église romane; belle abside.

Boresse-et-Martron, 367 hab., c. de Montguyon. ⟶ A Boresse, belle

présentant de l'intérêt au point de vue de l'histoire de l'art, et susceptibles, pour cette raison, d'être subventionnés par l'État.

façade d'église romane. — A Martron, église du XIIe s.

Boscamenant, 415 hab., c. de Montguyon.

Bougneau, 669 hab., c. de Pons.

Bouhet, 497 hab., c. d'Aigrefeuille.

Bourgneuf, 409 hab., c. de la Jarrie.

Boutenac, 598 hab., c. de Cozes.

Bran, 513 hab., c. de Montendre.

Brassac, 594 hab., c. de Montlieu.

Bresdon, 725 hab., c. de Matha.

Breuil-la-Réorte, 709 hab., c. de Surgères.

Breuil-Magné, 659 hab., c. (Nord) de Rochefort. ⇛ Tumulus.

Église d'Ars (île de Ré).

Breuillet, 1,194 hab., c. de Royan. — Temple protestant.

Brie-sous-Archiac, 450 hab., c. d'Archiac. ⇛ Ruines d'un château dont on remarque la porte d'entrée et la chapelle romane.

Brie-sous-Matha, 175 hab., c. de Matha.

Brie-sous-Mortagne, 384 hab., c. de Cozes.

Bris-des-Bois (Saint-), 425 hab., c. de Burie. ⇛ Dolmens. — Ruines de l'abbaye de Fontdouce.

Brives-sur-Charente, 422 hab., c. de Pons.

Brizambourg 1,515 hab., c. de

Saint-Hilaire. ⟹ Jolie église. — Ruines du château de Biron.

Brouage, *V.* Hiers-Brouage.

Brousse (La), 924 hab., c. de Matha.

Burie, 1,616 hab., ch.-l. de c. de l'arrond. de Saintes. ⟹ Tombelle.

Bussac, 622 hab., c. (Nord) de Saintes.

Celles, 433 hab., c. d'Archiac.

Cercoux, 1,302 hab., c. de Montguyon.

Cézaire (Saint-), 812 hab., c. de Burie.

Chadenac, 740 hab., c. de Pons.

Chaillevette, 918 hab., c. de la Tremblade. ⟹ Temple protestant.

Chambon, 968 hab., c. d'Aigrefeuille.

Chamouillac, 418 hab., c. de Montendre.

Champagnac, 594 h., c. de Jonzac.

Champagne, 541 hab., c. de Saint-Agnant.

Champagnolles, 998 hab., c. de Saint-Genis.

Champdolent, 542 hab., c. de Saint-Savinien.

Chaniers, 2,233 hab., c. (Nord) de Saintes.

Chantemerle, 274 hab., c. de Tonnay-Boutonne.

Chapelle-Bâton (La), 169 hab., c. de Saint-Jean-d'Angely.

Chapelle-des-Pots (La), 621 hab., c. (Nord) de Saintes.

Chardes, 236 hab., c. de Montendre.

Charron, 1,006 hab., c. de Marans.

Chartuzac, 276 hab., c. de Montendre.

Château-d'Oleron (Le), 2,850 hab., ch.-l. de c. (arrond. de Marennes) et place de guerre, dans l'île d'Oleron. ⟹ Hôpital militaire. — Citadelle de 1630. — Temple protestant.

Chatenet, 518 hab., c. de Montlieu.

Chaunac, 159 hab., c. de Jonzac.

Chay (Le), 544 hab., c. de Saujon.

Chenac, 741 hab., c. de Cozes. ⟹ Source remarquable de Chauvignac.

Chepniers, 887 hab., c. de Montlieu.

Chérac, 1,515 hab., c. de Burie.

Cherbonnières, 761 h., c. d'Aulnay

Chermignac, 736 hab., c. (Sud) de Saintes. ⟹ Église avec portail roman sculpté (signes du Zodiaque).

Chervettes, 267 hab., c. de Tonnay-Boutonne.

Chevanceaux, 1,370 hab., c. de Montlieu. ⟹ Château féodal de la Chaux.

Chives, 948 hab., c. d'Aulnay.

Christophe (Saint-), 944 hab., c. de la Jarrie.

Ciers-Champagne (Saint-), 807 hab., c. d'Archiac.

Ciers-du-Taillon (Saint-), 1,236 hab., c. de Mirambeau.

Cierzac, 355 hab., c. d'Archiac.

Ciré-d'Aunis, 860 hab., c. d'Aigrefeuille.

Clam, 398 hab., c. de Saint-Genis.

Clavette, 556 hab., c. de la Jarrie.

Clément (Saint-), 798 hab., c. de Tonnay-Charente.

Clément-des-Baleines (Saint-), 1050 hab., c. d'Ars-en-Ré.

Clérac, 1,472 hab., c. de Montguyon.

Clion, 983 hab., c. de Saint-Genis.

Clisse (La), 331 hab., c. de Saujon.

Clotte (La), 814 hab., c. de Montguyon.

Coivert, 640 hab., c. de Loulay.

Colombe (Sainte-), 227 hab., c. de Montlieu.

Colombiers, 534 hab., c. (Sud) de Saintes. ⟹ Belle église du XIIe s. — Temple protestant.

Contré, 293 hab., c. d'Aulnay. ⟹ Église fortifiée du XIIIe s.

Conzac, 510 hab., c. de Mirambeau.

Corignac, 174 hab., c. de Montendre. ⟹ Tombelle.

Corme-Écluse, 900 hab., c. de Saujon. ⟹ Église bien conservée des XIIe et XIIIe s.

Corme-Royal, 1,352 hab., c. de Saujon. ⟹ Ancienne porte fortifiée, flanquée de tourelles.

Couarde (La), 1,353 hab., dans l'île de Ré, c. d'Ars.

Coulonges, 439 hab., c. de Pons.

Coulonges, 203 hab., c. de Saint-Savinien.

Courant, 719 hab., c. de Loulay.

Courcelles, 389 hab., c. de Saint-Jean-d'Angely.

Courcerac, 438 hab., c. de Matha.

Courçon, 1,294 hab., ch.-l. de c. de l'arrond. de la Rochelle. ⟿ Trois tombelles aux Moidreaux. — Dans l'église (xve s.), belle copie d'un tableau de Raphaël.

Courcoury, 854 hab., c. (Sud) de Saintes. ⟿ Tumulus.

Courpignac, 615 hab., c. de Mirambeau.

Coutant-le-Grand (**Saint-**), 331 hab., c. de Tonnay-Charente.

Coux, 665 hab., c. de Montendre.

Cozes, 1,828 hab., ch.-l. de c. de l'arrond. de Saintes. ⟿ Ruines d'une église gothique. — Temple.

Cram-Chaban, 852 hab., c. de Courçon.

Cravans, 756 hab., c. de Gémozac.

Crazannes, 669 hab., c. de Saint-Porchaire. ⟿ Château (mon. hist.) des xiiie, xive, xvie (Renaissance) et xviiie s. Dans la partie la plus ancienne se voient des sculptures figurant, au-dessus de la porte d'entrée, un combat entre deux chevaliers, et, à l'intérieur, divers motifs de décoration. Dans l'enceinte fortifiée, se trouve renfermée l'ancienne église (xiie s.) du village. Beau parc.

Église d'Échillais.

Crépin (**Saint-**), 516 hab., c. de Tonnay-Charente.

Cressé, 659 hab., c. de Matha.

Croix Chapeau, 712 hab., c. de la Jarrie.

Croix-Comtesse (**La**), 334 hab., c. de Loulay.

Cyr-du-Doret (**Saint-**), 342 hab., c. de Courçon.

Dampierre, 684 hab., c. d'Aulnay. ⟿ Château ayant appartenu à Diane de Poitiers.

Denis-d'Oleron (**Saint-**), 1,712 hab., port de l'île d'Oleron, c. de Saint-Pierre. ⟿ Église des xiie, xve et xviiie s. (mon. hist.).

Denis-du-Pin (Saint-), 1,043 hab., c. de Saint-Jean-d'Angely. ⟹ Beau clocher gothique. — Parmi les ruines de l'abbaye de la Fayolle, puits remarquable par sa profondeur.

Dizant-du-Bois (Saint-), 254 hab., c. de Mirambeau. ⟹ Église romane avec beau clocher du xve s.

Dizant-du-Gua (Saint-), 1227 hab., c. de Saint-Genis.

Dœuil, 912 hab., c. de Loulay.

Dolus, 2,225 hab., c. du Château-d'Oleron. ⟹ Deux dolmens.

Dompierre, 1,630 hab., c. (Est) de la Rochelle.

Dompierre-sur-Charente, 622 hab., c. de Burie.

Douhet (Le), 776 hab., c. (Nord) de Saintes. ⟹ Église du xiie s.; remarquable portail. — Magnifique fontaine du Grand-Roc, source pétrifiante s'échappant de terre par deux ouvertures, au milieu d'un site pittoresque, au pied d'un rocher vertical, haut de 20 mètres, percé de grottes jadis habitées. — Près de la Roulerie, fontaine dite du Douhet, où subsistent des restes de murs et d'arcades romaines, origine d'un aqueduc (mon. hist.) qui alimentait la ville de Saintes.

Ébéon, 94 hab., c. de Saint-Hilaire. ⟹ Ruines d'un monument romain dédié à Mercure (mon. hist.) et appelé le Fanal.

Échebrune, 781 hab., c. de Pons.

Échillais, 1,019 hab., c. de Saint-Agnant. ⟹ Église du xiie s. (monument historique); curieuse façade à arcades.

Écoyeux, 1,110 hab., c. de Burie. ⟹ Source de Fontgiraud. — Église du xiie s., monument historique.

Écurat, 323 hab., c. (Sud) de Saintes. ⟹ Église romane. — Tombelles. — Monuments druidiques (dits mégalithiques). — Porte du Logis de Richemond.

Éduts (Les), 131 hab., c. d'Aulnay.

Églises-d'Argenteuil (Les), 879 hab., c. de Saint-Jean-d'Angely.

Éguille (L'), 792 hab., petit port sur la Seudre, c. de Royan. ⟹ Château ruiné.

Épargnes, 1,367 hab., c. de Cozes.

Esnandes, 845 hab., c. (Ouest) de la Rochelle. ⟹ Curieuse église fortifiée (mon. hist.) des xiie, xive et xve s.

Essards (Les), 677 hab., c. de Saint-Porchaire.

Étaules, 1,013 hab., c. de la Tremblade. ⟹ Tombelles. — Temple.

Eugène (Saint-), 538 hab., c. d'Archiac.

Expiremont, 214 hab., c. de Montendre.

Félix (Saint-), 559 hab., c. de Loulay. ⟹ Église (mon. hist.) des xiie et xvie s.

Fénioux, 390 hab., c. de Saint-Savinien. ⟹ Lanterne des morts ou fanal funéraire (mon. hist.) du xiie s. — Curieuse église romane (mon. hist.).

Ferrières, 437 hab., c. de Courçon.

Fléac, 518 hab., c. de Pons. ⟹ Ruines du château d'Ardennes (xie s.).

Floirac, 657 hab., c. de Cozes.

Flotte (La), 2,395 hab., petit port de l'île de Ré, c. de Saint-Martin. ⟹ Curieuse église. — Ruines de l'abbaye des Châtelliers (xiie s.). — Temple.

Fontaine-Chalandray, 811 hab., c. d'Aulnay. ⟹ Portail de l'église, orné des statues des douze Apôtres.

Fontaine-d'Ozillac, 750 hab., c. de Jonzac. ⟹ Église : portail remarquable du xiie s. — Chapelle romane de Notre-Dame de Pitié. — Dolmen.

Fontcouverte, 611 hab., c. (Nord) de Saintes. ⟹ Église assez remarquable du xiie s. — Au hameau des Arcs, restes de l'aqueduc romain qui portait à Saintes les eaux de la fontaine du Douhet.

Fontenet, 731 hab., c. de Saint-Jean-d'Angely.

Forges, 1,129 hab., c. d'Aigrefeuille.

Fort-sur-Gironde (Saint-), 1,884 hab., c. de Saint-Genis. ⟹ Belle église des xiie et xve s.

Fouilloux (Le), 1,017 hab., c. de Montguyon.

Fouras, 1,256 hab., port à l'embouchure de la Charente, avec bains de mer, c. (Sud) de Rochefort.

Fredière (La), 124 hab., c. de Saint-Hilaire.

Froult (Saint-), 302 hab., c. de Saint-Agnant. ⟹ Tombelle.

Saint-Jean-d'Angely.

Garde-Montlieu (La), 834 hab., c. de Montlieu. ⟿ Deux chapelles romanes.

Geay, 802 hab., c. de Saint-Porchaire. ⟿ Église avec belle abside romane. — Dolmen à Sivrac.

Gemme (Sainte-), 1,250 hab., c. de Saint-Porchaire. ⟿ Ruines (mon. hist.) d'un prieuré de bénédictins fondé au XIe s.

Gémozac, 2,709 hab., ch.-l. de c. de l'arrond. de Saintes. — Temple.

Génétouze (La), 677 hab., c. de Montguyon.

Genis-de-Saintonge (Saint-), 1,251 hab., ch.-l. de c. de l'arrond. de Jonzac. ⟿ Belle église moderne, construite dans le style du XIIe s.

Génouillé, 1,186 hab., c. de Tonnay-Charente. ⟿ Jolie église du XVIe s.

Georges-de-Cubillac (Saint-), 459 hab., c. de Saint-Genis.

Georges-de-Didonne (St-), 1,081 hab., petit port à l'embouchure de la Gironde, avec bains de mer, c. de Saujon. — Temple.

Georges-de-Longuepierre (St-), 466 hab., c. d'Aulnay.

Georges-d'Oleron (Saint-), 5,208 h., dans l'île d'Oleron, c. de Saint-Pierre.

Georges-des-Agouts (Saint-), 594 hab., c. de Mirambeau.

Georges-des-Coteaux (Saint-), 1,198 hab., c. (Sud) de Saintes.

Georges-du-Bois, 1,639 hab., c. de Surgères.

Germain-de-Lusignan (Saint-), 828 hab., c. de Jonzac. ⟿ Trois tombelles ou galgals.

Germain-de-Marencennes (St-), 1,281 hab., c. de Surgères.

Germain-de-Vibrac (Saint-), 429 hab., c. d'Archiac.

Germain-du-Seudre (Saint-), 704 hab., c. de Saint-Genis. ⟿ Tombelle. — Église du XIIe s. — Ruines d'une chapelle romane, reste de l'abbaye de Cormeille.

Germignac, 649 hab., c. d'Archiac. ⟿ Église romane. — Anciens manoirs de Beaulieu et de Chazelles.

Gibourne, 315 hab., c. de Matha.

Gicq (Le), 374 hab., c. d'Aulnay.

Givrezac, 138 hab., c. de Saint-Genis.

Gonds (Les), 875 hab., c. (Sud) de Saintes.

Gourvillette, 353 hab., c. de Matha.

Grandjean, 615 hab., c. de Saint-Savinien.

Grégoire-d'Ardennes (Saint-), 222 hab., c. de Saint-Genis.

Grézac, 898 hab., c. de Cozes.

Gua (Le), 1,841 hab., petit port sur la Seudre, c. de Marennes. — Temple.

Gué-d'Alleré (Le), 872 hab., c. de Courçon.

Guitinières, 477 hab., c. de Jonzac. ⟿ Élégante église romane du XIIe s.

Haimps, 853 hab., c. de Matha. ⟿ Église gothique; beau clocher.

Hiers-Brouage, 708 hab., c. de Marennes. ⟿ A Brouage, ancienne ville forte, presque abandonnée pour son insalubrité; belle enceinte bastionnée, construite au XVIIe s.; dans l'église, tombeaux des anciens gouverneurs.

Hilaire-de-Villefranche ou **de-Saintonge (Saint-)**, 1,322 hab., ch.-l. de c. de l'arrond. de Saint-Jean-d'Angely. ⟿ Église des XIIe et XVe s.

Hilaire-du-Bois (Saint-), 225 hab., c. de Mirambeau.

Hippolyte-de-Biard (Saint-), 969 hab., c. de Tonnay-Charente.

Houmeau (L'), 422 hab., c. (Ouest) de la Rochelle.

Jard (La), 371 hab., c. (Sud) de Saintes. ⟿ Ruines d'un monastère du XIIIe s., avec église romane.

Jarnac-Champagne, 1,220 hab., c. d'Archiac.

Jarne (La), 564 hab., c. de la Jarrie. ⟿ Dolmen (mon. hist.), dont la pierre principale est un massif de coquilles et de madrépores différant entièrement du sol environnant. — Église romane, mon. hist., avec beau portail. — Château de Busay (XVIIIe s.).

Jarrie (La), 1,210 hab., ch.-l. de c. de l'arrond. de la Rochelle.

Jarrie-Audouin (La), 568 hab., c. de Loulay.

Jazennes, 568 hab., c. de Gémozac.

Jean-d'Angely (Saint-), 7,172 hab., sur la rive droite de la Boutonne, ch.-l. d'arrond. ⟿ De la puissante *abbaye* bénédictine de Saint-Jean-d'Angely, fondée par le roi Pépin d'Aquitaine, il reste de vastes bâtiments du XVIIIe s., où l'on accède par une large porte à arcade en pierre, et qui sont occupés par une institution. A une extrémité de ces bâtiments, deux grosses tours, terminées par des dômes et reliées par un portail monumental inachevé, sont tout ce qui a été construit, au XVIIIe s., de l'église qui devait remplacer définitivement l'abbatiale. C'est au milieu des débris de cette dernière, qui avait été élevée au XIIIe s., sur de vastes proportions, et qui fut renversée par les Calvinistes, que s'est installée l'église actuelle. On ne voit plus guère de l'édifice du moyen âge que le mur formant le chevet et des culées d'arcs-boutants sur lesquelles est établie, depuis le XVIIe s., une charpente singulière portant les cloches. — La *tour de l'Horloge* (XVe s.), à créneaux et mâchicoulis, est percée d'une arcade sous laquelle passe une des principales rues de la ville. Non loin de cette tour,

Saint-Martin-de-Ré.

rue de l'Échevinage, on remarque la muraille mutilée d'une *maison* du XVIe s. — Sur la place de l'Hôtel-de-Ville, dans le milieu de laquelle a été inaugurée en 1863 la *statue* en bronze de Regnault de Saint-Jean-d'Angely, œuvre remarquable de M. Bogino, s'élèvent le nouveau *palais de justice*, construction simple et de bon goût, et une belle *halle* à arcades supportées par des pilastres cannelés. — Une autre *halle* en pierre occupe une place du centre de la ville, et une troisième (marché couvert), en fer, a été récemment construite sur la petite place d'Aunis. — Nous signalerons encore : la *fontaine du Pilori*, décoration architecturale enlevée au puits du château de Brizambourg, et dont l'élégant piédestal porte la date de 1516 ; — le bel *hôpital Saint-Louis*, — et la *chapelle* moderne (style du XIIe s.) d'un très-grand couvent situé à l'extrémité N. de la ville. — Temple.

Jean-d'Angle (Saint-), 515 hab., c. de Saint-Agnant. ⟹ Château ruiné du XII° s.

Jean-de-Liversay (Saint-), 2,220 hab., c. de Courçon.

Jonzac, 3,296 hab., ch.-l. d'arrond., sur la Seugne. ⟹ *Église* moderne ayant conservé une belle façade du XII° s. — *Château* (mon. hist.), bâti du XIV° au XVIII° s., servant d'hôtel de ville et de sous-préfecture; donjon du XV° s. — *Porte féodale* du XV° s. — Temple.

Juicq, 366 hab., c. de Saint-Hilaire.

Julien-de-Lescap (Saint-), 636 hab., c. de Saint-Jean-d'Angely. ⟹ Église des XII° et XIV° s.

Jussas, 252 hab., c. de Montendre.

Just (Saint-), 1,589 hab., c. de Marennes. ⟹ Église du XV° s.—Temple.

Lagord, 729 hab., c. (Est) de la Rochelle. ⟹ Belle église du XII° s.

Lalaigne, 495 hab., c. de Courçon.

Laleu, 1,149 hab., c. (Ouest) de la Rochelle.

Landes, 795 hab., c. de Saint-Jean-d'Angely.

Landrais, 877 hab., c. d'Aigrefeuille.

Laurent-de-la-Barrière (Saint-), 230 hab., c. de Tonnay-Boutonne.

Laurent-de-la-Prée (Saint-), 864 hab., c. (Sud) de Rochefort.

Léger (Saint-), 679 hab., c. de Pons.

Léoville, 531 hab., c. de Jonzac.

L'Heurine (Sainte-), 819 hab., c. d'Archiac.

Loiré, 660 hab., c. d'Aulnay.

Loire, 195 hab., c. (Nord) de Rochefort.

Loix, 1,015 hab., petit port de l'île de Ré, c. d'Ars.

Longèves, 565 hab., c. de Marans.

Lonzac, 420 hab., c. d'Archiac. ⟹ Église de la Renaissance.

Lorignac, 1,057 hab., c. de Saint-Genis. ⟹ Église du XI° s. — Dans la lande, menhir et débris d'un cromlech. — Belles ruines du château de Bardine ou du Haut-Tirac (XII° s.).

Loulay, 635 hab., ch.-l. de c. de l'arrond. de Saint-Jean-d'Angely.

Loup (Saint-), 703 hab., c. de Tonnay-Boutonne.

Louzignac, 367 hab., c. de Matha.

Lozay, 546 hab., c. de Loulay.

Luchat, 208 hab., c. de Saujon.

Lussac, 94 hab., c. de Jonzac.

Lussant, 826 hab., c. de Tonnay-Charente.

Macqueville, 715 hab., c. de Matha. ⟹ Église du XII° s.; portail remarquable.

Maigrin (Saint-), 987 hab., c. d'Archiac.

Mandé (Saint-), 712 hab., c. d'Aulnay.

Marans, 4,527 hab., ch.-l. de c. de l'arrond. de la Rochelle, port sur la Sèvre Niortaise.

Mard (Saint-), 1,609 hab., c. de Surgères.

Marennes, 4,565 hab., ch.-l. d'arrond., port sur la Seudre. ⟹ Magnifique *clocher* du XIV° s. (mon. hist.), haut de 85 mètres (le monument le plus élevé du département), couronné par une flèche à jour. — Temple.

Marie (Sainte-), 2,556 hab., dans l'île de Ré, c. de Saint-Martin. ⟹ Beau clocher. — Fort de Rivedoux. — Phare de Chanveau.

Marignac, 590 hab., c. de Pons.

Marsais, 1,572 hab., c. de Surgères.

Marsilly, 942 hab., c. (Ouest) de la Rochelle. ⟹ Ruines de l'abbaye de Fontdouce.—Église du XV° s.—Temple.

Martial (St-), 282 hab., c. de Loulay.

Martial-de-Coculet (Saint-), 585 hab., c. d'Archiac.

Martial-de-Mirambeau (Saint-), 516 hab., c. de Mirambeau.

Martial-de-Vitaterne (Saint-), 215 hab., c. de Jonzac.

Martin-d'Ary (Saint-), 303 hab., c. de Montguyon. ⟹ Église romane.

Martin-de-Coux (Saint-), 605 hab., c. de Montguyon.

Martin-de-Juillers (Saint-), 407 hab., c. d'Aulnay.

Martin-de-la-Coudre (Saint-), 315 hab., c. de Loulay.

Martin-de-Ré (Saint-), 2,699 hab., ch.-l. de c. de l'arrond. de la Rochelle, dans l'île de Ré. ⟹ Église des XIII°, XIV°, XVIII° et XIX° s.; crypte romane. —

Hôpital de la Marine, à Rochefort.

Ancien hôtel des Cadets de la marine. — Maison du XVI° s. — Temple.

Martin-de-Villeneuve (Saint-), 604 hab., c. de Courçon.

Massac, 485 hab., c. de Matha.

Matha, 2,210 hab., ch.-l. de c. de l'arrond. de Saint-Jean-d'Angely. ⟶ Église romane; façade ornée de belles sculptures et d'un cavalier. — Porte voûtée et pavillon à mâchicoulis, restes d'un château féodal. — Églises romanes de Sainte-Hérie et de Marétay.—Temple.

Mathes (Les), 875 hab., c. de la Tremblade. — Temple.

Maurice-de-Laurençanne (Saint-), 212 hab., c. de Montendre.

Maurice-de-Tavernolle (Saint-), 244 hab., c. de Jonzac.

Mazeray, 853 hab., c. de Saint-Jean-d'Angely.

Mazerolles, 295 hab., c. de Pons.

Médard (Saint-), 1,366 hab., c. de la Jarrie.

Médard (Saint-), 164 hab., c. de Jonzac.

Médis, 828 hab., c. de Saujon. — Temple.

Même (Saint-), 405 hab., c. de Saint-Hilaire.

Mérignac, 595 hab., c. de Montlieu.

Meschers, 1,026 hab., petit port sur la Gironde, c. de Cozes. ⟶ Grottes artificielles. — Temple.

Messac, 315 hab., c. de Montendre.

Meursac, 1,503 hab., c. de Gémozac.

Meux, 452 hab., c. de Jonzac.

Migré, 785 hab., c. de Loulay.

Migron, 1,240 hab., c. de Burie.

Mirambeau, 2,277 hab., ch.-l. de c. de l'arrond. de Jonzac. ⟶ Vieux château.

Moëze, 462 hab., c. de Saint-Agnant. ⟶ Beau clocher du XV° ou du XVI° s. (mon. hist.), terminé par une flèche dentelée. — Dans le cimetière, magnifique et singulier monument de la Renaissance (cru longtemps romain), entouré de colonnes corinthiennes et supportant une pyramide que couronnait jadis une croix hosannière.

Moings, 339 hab., c. de Jonzac.

Mons, 834 hab., c. de Matha.

Montendre, 1,303 hab., ch.-l. de c. de l'arrond. de Jonzac. — Temple.

Montguyon, 1,534 hab., ch.-l. de c. de l'arrond. de Jonzac. ⟶ Ruines d'un vaste château du XV° s., avec beau donjon cylindrique à quatre étages. — Allée couverte de Pierre-Folle, longue de 8 mètres.

Montils, 1,170 hab., c. de Pons.

Montlieu, 1,085 hab., ch.-l. de c. de l'arrond. de Jonzac. ⟶ Vaste séminaire; chapelle du XV° s.

Montpellier, 700 hab., c. de Gémozac.

Montroy, 347 hab., c. de la Jarrie.

Moragne, 526 hab., c. de Tonnay-Charente.

Mornac, 610 hab., petit port sur la Seudre, c. de Royan. ⟶ Camp présumé romain. — Temple.

Mortagne-sur-Gironde, 1,659 hab., c. de Cozes, petit port. ⟶ Ruines d'un château. — Temple.

Mortiers, 473 hab., c. de Jonzac.

Mosnac, 653 hab, c. de Saint-Genis.

Moulons, 144 hab., c. de Montendre.

Mung (Le), 346 hab., c. de Saint-Porchaire.

Muron, 1,138 hab., c. de Tonnay-Charente.

Nachamps, 470 hab., c. de Tonnay-Boutonne.

Nancras, 521 hab., c. de Saujon.

Nantillé, 570 hab., c. de Saint-Hilaire.

Nazaire (Saint-), 1,296 hab., c. de Saint-Agnant. ⟶ Ile Madame, rocher fortifié. — Temple.

Néré, 1,230 hab., c. d'Aulnay.

Neuillac, 525 hab., c. d'Archiac.

Neulles, 301 hab., c. d'Archiac.

Neuvicq, 944 hab., c. de Matha.

Neuvicq, 677 hab., c. de Montguyon.

Nieul-le-Virouil, 1,092 hab., c. de Mirambeau. ⟶ Clocher gothique. — Croix de cimetière du XIV° s.

Nieul-lès-Saintes, 844 hab., c. (Sud) de Saintes. ⟶ Église du XII° s.; beau portail; cloître roman.

Nieul-sur-Mer, 1,400 hab., c. (Ouest) de la Rochelle, petit port. ⟶ Église du XIII° s. — Ruines de l'abbaye de Sermaise.

Nouillers (Les), 1,000 hab., c. de Saint-Savinien.

Nuaillé, 374 hab., c. d'Aulnay.

Nuaillé, 782 hab., c. de Courçon.

Orignolles, 888 hab., c. de Montlieu.

Ouen (Saint-), 386 hab., c. de Matans.

Ouen (Saint-), 367 hab., c. de Matha.

Ozillac, 852 hab., c. de Jonzac. ⟿ Église des XIIe et XVe s. — Vieux donjon.

Paillé, 860 hab., c. d'Aulnay.

Palais-de-Négrignac (Saint-), 728 hab., c. de Montlieu. ⟿ Beau dolmen. — Tombelle.

Palais-de-Phiolin (Saint-), 450 hab., c. de Saint-Genis.

Palais-sur-Mer (Saint-), 756 hab., c. de Royan. ⟿ Dolmen du Cambot. — Temple.

Pardoult (Saint-), 405 hab., c. de Saint-Jean-d'Angely.

Péré, 472 hab., c. de Surgères.

Pérignac, 1,621 hab., c. de Pons.

Périgny, 978 hab., c. (Est) de la Rochelle.

Pessines, 554 hab., c. (Sud) de Saintes.

Pierre-d'Amilly (Saint-), 592 hab., c. de Surgères.

Pierre-de-Juillers, 858 hab., c. d'Aulnay.

Pierre-de-l'Isle (Saint-), 555 hab., c. de Loulay. ⟿ Belle église ogivale.

Pierre-d'Oleron (Saint-), 4,959 hab., ch.-l. de c. de l'arrond. de Marennes, dans l'île d'Oléron. ⟿ Jolie lanterne des morts, du XIIe s., appelée la Flèche et haute de 20 mètres. — Deux dolmens. — Temple.

Pierre-du-Palais (Saint-), 466 hab., c. de Montguyon.

Pin (Le), 201 hab., c. de Montlieu.

Pin-Saint-Denis (Le), V. Saint-Denis-du-Pin.

Pisany, 504 hab., c. de Saujon.

Plassac, 670 hab., c. de Saint-Genis. ⟿ Beau château de Dampierre, rebâti en 1775; tour du château primitif.

Plassay, 730 hab., c. de Saint-Porchaire. ⟿ Église romane; clocher à flèche élevée.

Polignac, 280 hab., c. de Montlieu.

Pommiers, 550 hab., c. de Montendre.

Pons, 4,881 hab., ch.-l. de c. de l'arrond. de Saintes, dans une charmante situation, sur le versant d'une colline de la rive droite de la Seugne. ⟿ Tour et porte en ogive (mon. hist.) des anciennes fortifications; détails romans. — Ancien château converti en hôtel de ville; beaux débris du mur d'enceinte au pied du rocher qui le supporte, avec arcades et voûtes romanes; tourelles du XVIe s.; donjon très-remarquable (mon. hist.) du XIIe s., haut de 30 mètres, de forme rectangulaire et flanqué de contre-forts. Près du donjon, beau jardin public et chapelle romane avec un très-beau portail. — Maison de la Renaissance. — Temple.

Pont-l'Abbé, 1,400 hab., c. de Saint-Porchaire. ⟿ Belle église gothique, autrefois abbatiale (mon. hist.); haute flèche. — Tour et porte fortifiées. — Ancien camp.

Porchaire (Saint-), 1,186 hab., ch.-l. de c. de l'arrond. de Saintes. ⟿ Église du XIIe s. — Château de Roche-Courbon, avec tours et donjon.

Port-d'Envaux, 1,285 hab., c. de Saint-Porchaire.

Portes (Les), 896 hab., dans l'île de Ré, c. d'Ars.

Pouillac, 373 hab., c. de Montlieu.

Pourzay-Garnaud, 345 hab., c. de Saint-Jean-d'Angely.

Préguillac, 395 hab., c. (Sud) de Saintes.

Prignac, 405 hab., c. de Matha.

Puilboreau, 977 hab., c. (Est) de la Rochelle.

Puy-du-Lac, 716 hab., c. de Tonnay-Charente.

Puyravault, 712 hab., c. de Surgères.

Puyrolland, 569 hab., c. de Tonnay-Boutonne.

Quantin-de-Rensanne (Saint-), 524 hab., c. de Gémozac.

Radegonde (Sainte-), 289 hab., c. de Saint-Porchaire.

Ramée (Sainte-), 330 hab., c. de Mirambeau.

Réaux, 547 hab., c. de Jonzac.

Rétaux, 1,050 hab., c. de Gémozac. ⟿ Église romane (mon. hist.).

Rioux, 932 hab., c. de Gémozac. ⟶ Vaste église. — Château entouré de fossés profonds.

Rochefort, 27,012 hab., ch.-l. d'arrond. et de 2 cantons, ville forte, un des cinq grands ports militaires de la France, avec port marchand, situé en partie sur un rocher entouré d'un sol plat et marécageux. ⟶ Parmi les établissements militaires, on remarque l'*hôtel de la préfecture maritime*, l'*arsenal*, les grandes forges et l'*hôpital de la marine*. — Les *fortifications*, percées de sept portes, datent de 1675. — *Église Saint-Louis*, bel édifice de style gréco-romain. — Temple. — *Halles* monumentales, où sont installés le tribunal de commerce et la Bourse. — Petit *musée* et *bibliothèque* de 12,000 volumes, dans l'ancienne Bourse. — *École de médecine navale*, possédant un cabinet d'histoire naturelle et une collection complète de pièces d'anatomie. — *Place Colbert*, avec fontaine monumentale. — Dans l'hôpital de la marine, *puits artésien*, foré de 1862 à 1866, et dont la profondeur est la plus considérable qui ait jamais été atteinte (856 mèt. 75 c.); la température de l'eau jaillissante est de 45°. — Beau *jardin public*. — *Jardin botanique* remarquable, créé par l'intendant Bégon en 1697.

Rochelle (La), 19,585 hab., sur l'Océan, au fond du golfe de Gascogne, dans une anse, en face de l'île de Ré, ch.-l. du départ., ville forte et port de mer. ⟶ Le port est situé au fond d'une anse, protégée par les îles de Ré et d'Oleron; l'anse est fermée par la digue de Richelieu, et traversée dans toute sa longueur par un chenal de 1674 mètres. L'entrée de la passe est éclairée par deux phares. — Le chenal donne accès dans le port d'échouage, long de 300 mètres, large de 120; le bassin à flot intérieur a 135 mètres de longueur sur 101 de largeur; on y pénètre par une écluse large de 12 mètres. Un nouveau bassin, long de 386 mètres et large de 78, avec 917 mètres de quais, a été livré au commerce depuis 1861; on y pénètre par une écluse large de 16 mètres 50; la hauteur d'eau y varie de 6 mèt. 72 à 7 mèt. 48. La ville, quoique embellie et modernisée par des travaux récents, a conservé en partie la physionomie des siècles passés. Les rues sont bordées de porches sous lesquels circulent les piétons. Le pavé est une véritable collection minéralogique, apportée de tous les points du globe par les navires qui se sont lestés, dans leurs voyages, de laves, de stras, de jaspes, de quartz, de granits, de porphyres.

Cathédrale, lourde construction du XVIIIe s., achevée depuis peu, derrière laquelle s'élève la *tour* carrée, mon. hist. (XIVe s.) de l'ancienne église Saint-Barthélemy. — Églises : — *Notre-Dame* (XVIIe s.); — *Saint-Sauveur*, reconstruite du XVIe au XVIIIe s.; clocher du XVe s.; — *Saint-Jean*, reconstruite au XVIIe s.; — *Saint-Nicolas*, moderne. — *Chapelle de l'hospice Saint-Louis* (1667); beau tableau de Lesueur. — *Temple* protestant (1706). — Jolie *chapelle des Augustins*. — *Église des Carmes*, servant d'entrepôt. — *Couvent des Cordeliers*, converti en caserne. — Beau *séminaire*. — *Hôtel de ville* (mon. hist.; 1486-1607), remarquable construction, presque en entier du style de la Renaissance; curieuse façade intérieure, ornée d'arcades. — Belle *place d'Armes*. — *Palais de justice* (1614). — Bourse de 1760. — *Hôpital Auffredi*, fondé en 1203. — *Asile d'aliénés*, moderne. — *Porte de l'Horloge* (XIVe ou XVe s.), reste des fortifications du moyen âge. — De la partie des anciens remparts qui défendait le port, il subsiste trois tours extrêmement intéressantes et fort originales. La *tour Saint-Nicolas* se compose d'un groupe de quatre tourelles cylindriques et d'une espèce de tour carrée qui regarde la mer. Elle date de 1384. Son élévation, au-dessus du fond du chenal, dépasse 36 mètres. La salle du premier étage, qui servait de chapelle, a conservé un élégant autel; ses voûtes reposent, ainsi que celles du rez-de-chaussée, sur des colonnettes sculptées. — La *tour de la Chaîne* (1476) est ronde et comprend plusieurs salles voûtées à nervures. Une arcade ogivale gigantesque reliait autrefois, dit-on, la tour de la Chaîne à celle de Saint-Nicolas. — A l'angle de la rue des Fagots et de la rue Sur-les-Murs, près de l'avant-port, se dresse la troisième tour (monument historique), dite *tour de la Lanterne* (1445-1476), môle cylindrique, flanqué de deux tourelles et couronné d'une belle pyramide octogonale en pierre, avec crochets aux arêtes et chemin de ronde à la base. Une courtine la relie à la tour de la Chaîne. Du chemin de ronde, on découvre un beau panorama sur toute la ville, le port, la rade et ses îles. Cette tour, qui a sept étages, porte le nom de tour de

Porte de la Grosse-Horloge, à la Rochelle.

la Lanterne, parce que, sur la tourelle de l'escalier, existait autrefois un phare ou fanal qui s'allumait pendant les mauvais temps. Elle sert actuellement de prison militaire.

La Rochelle a conservé un certain nombre de *maisons* anciennes; nous signalerons, parmi les plus remarquables : rue de l'Évêché, 22, une *maison* à tourelle, qui, suivant une tradition, aurait appartenu à la famille de Beauharnais; — rue de la Vache, 7, une *maison* du XVIe s., à porte cintrée; — rue Chef-de-Ville, 26, la *maison* du président Dupaty, aujourd'hui divisée en deux ; — rue des Gentilshommes, 11, la belle façade d'une *maison de la Renaissance* (huit personnages sculptés); et, 23, une *cave* ogivale à clefs de voûtes sculptées; — quai Duperré, 26, un porche supportant une *terrasse* bordée d'une élégante balustrade; rue du Temple, 26, une *maison* en bois et ardoises de 1554; 23 et 26, des *maisons* du xve s., en bois et en ardoises; — rue Saint-Nicolas, 11, une maison renfermant une vaste et curieuse cheminée sculptée (le *Sacrifice d'Abraham*); — rue des Merciers, outre plusieurs maisons curieuses, ornées de sculptures ou construites en bois et en ardoises, la *maison du maire Guilon*, 3; — dans la petite rue de l'Escale, l'ancienne *maison du médecin Venette*, aujourd'hui loge maçonnique; — rue du Minage, de nombreuses inscriptions, et, au 6, un beau spécimen de l'architecture civile du xvie s.; — enfin, rue des Augustins, 11, la belle maison dite *Maison d'Henri II* ou *de Diane de Poitiers*, corps de bâtiment, à deux étages, avec deux ailes inégales en saillie, orné de têtes de panthères, de béliers, de chérubins, de vases à fleurs et à fruits, etc., dans le goût de la Renaissance du milieu du xvie s.

Le *musée*, installé, avec la *bibliothèque* (25,000 volumes), dans un bâtiment qu'habitèrent Jeanne d'Albret et Sully, renferme des tableaux de Luca Giordano, de Van der Kabel, de Corot, etc., quelques antiquités, des moulages, etc. — *Musée d'artillerie.* — *Musées Lafaille* et *Fleuriau* (histoire naturelle), joints au *jardin public.* — *Statue* de l'amiral Duperré. — Belle promenade du *Mail.* — Magnifique établissement de *bains de mer.*

Rogatien (Saint-), 515 hab., c. de la Jarrie.

Romain-de-Beaumont (Saint-), 103 hab., c. de Cozes.

Romain-de-Benet (Saint-), 1,679 hab., c. de Saujon. ⟿ Curieuse tour de Pire-Longe (monument historique), massif de maçonnerie romaine, haut de 22 mètres, qui passe pour avoir été un monument itinéraire dédié à Mercure (*V.* Ébéon). — Camp présumé romain. — Église du xiie s.

Romazières, 265 hab., c. d'Aulnay.

Romegoux, 671 hab., c. de Saint-Porchaire.

Ronde (La), 1,539 hab., c. de Courçon.

Rouffiac, 526 hab., c. de Pons.

Rouffignac, 863 h., c. de Montendre.

Royan, 5,155 hab., sur l'Océan, à l'entrée de la Gironde, vis-à-vis de la Pointe de Grave, ch.-l. de c. de l'arrond. de Marennes, avec port et bains de mer. ⟿ Royan n'était, avant la Restauration, qu'un bourg sans importance, perdu dans les sables de la côte de l'Océan; c'est aujourd'hui une ville de bains très-fréquentée (env. 40,000 baigneurs par an), et remarquable par la beauté de ses plages ou conches, divisées en quatre parties : la conche de Royan, la conche de Foncillon, la conche du Chai, la conche de Pontaillac. Un quai ou plutôt un boulevard planté d'arbres a été construit d'une extrémité à l'autre de la conche de Royan, jusqu'à la route de Rochefort. Des rues ont été percées, de nombreuses maisons ont été rebâties, et un casino a été élevé pour l'agrément des étrangers. — Au milieu de la place est une fontaine surmontée d'une colonne. — Le fort, abandonné depuis 1815, a été restauré dans ces dernières années; au centre, on a construit pour la garnison un réduit ou donjon en partie casematé. — Temple protestant.

Sablonceaux, 937 hab., c. de Saujon. ⟿ Ruines d'une abbaye: église à coupoles, du xiie s.

Saintes, 15,725 hab., ch.-l. d'arrond. et de deux cantons, dans une charmante position, sur la Charente. ⟿ Saintes est une des villes les plus intéressantes de l'Ouest au point de vue monumental.

L'*arc de triomphe de Germanicus* (mon. hist.) est le monument romain le mieux conservé de Saintes. Démoli pierre par pierre, lors de la destruction du pont à l'entrée duquel il s'élevait, il a été rétabli un peu en amont sur les bords mêmes du fleuve. Formé de deux arcades, ce monument est décoré de colonnes du style corinthien. L'entablement porte des inscriptions

Église Saint-Pierre, à Saintes.

mutilées qui consacraient le monument à Tibère. La hauteur totale de l'arc de triomphe, y compris son soubassement, était, avant sa translation, de 20 mètres au-dessus du niveau moyen des eaux de la Charente. — L'*amphithéâtre* (mon. hist.), situé au milieu du vallon qui sépare les faubourgs de Saint-Eutrope et de Saint-Macoul, formait une vaste ellipse dont les côtés s'appuyaient aux deux collines parallèles qui bordent ce vallon. Le grand axe de l'ellipse extérieure mesurait 133 mètres de longueur; le petit axe, 108 mètres; le grand axe de l'ellipse intérieure, 80 mètres, et le petit axe, 56 mètres. La surface de l'arène était de 36 ares 32 centiares, et l'on estime que les gradins pouvaient recevoir 20,000 à 22,000 spectateurs. Comparé à ceux de Nîmes, de Bordeaux, de Pompéi et au Colisée lui-même, l'amphithéâtre de Saintes ne le cède qu'à ce dernier pour la superficie de l'arène. Il paraît remonter à la fin du Ier ou à la première partie du IIe siècle de l'ère chrétienne. Ses débris, pittoresquement entourés d'arbres et au milieu desquels ont poussé des peupliers, n'offrent aucune trace d'ornementation. Deux voûtes subsistent encore assez bien conservées. Les murs de soutènement, qui bordent l'escarpement du vallon, sont pourvus à l'intérieur de voûtes en coquille destinées à résister plus efficacement à la poussée des terres.

A peu de distance de l'amphithéâtre, dans une maison particulière appelée *le Coteau*, se trouvent les restes d'un *hypogée* antique ou d'un *tombeau* ayant servi à la sépulture d'une famille entière.

Du *Capitole* de Saintes, bâti sur la colline où s'élève aujourd'hui l'*hôpital civil et militaire*, il ne reste que des substructions et des tronçons de murailles mêlés aux constructions voisines. Ces murs sont formés de grands blocs de pierre, entremêlés de moellons, de fragments de colonnes, de sculptures mutilées, etc.

Sur plusieurs points de l'emplacement occupé par la ville gallo-romaine, on trouve des vestiges de petits canaux qui distribuaient dans les maisons particulières l'eau des sources du Douhet, de la Font-Giraud et de Vénérand, qu'un aqueduc amenait à Saintes.

La *cathédrale* de Saintes (mon. hist.), dont la fondation est attribuée à Charlemagne, fut détruite en 1030 par un incendie; reconstruite de 1117 à 1127 par l'évêque Pierre de Confolens, dans le style de la cathédrale d'Angoulême, elle fut remaniée à la fin du XIVe siècle et au milieu du XVe. Les protestants, qui la ruinèrent en 1568, n'épargnèrent que la tour du clocher, une partie du transsept, quelques arceaux des bas-côtés et les contreforts, d'un travail admirable, d'une très-grande hauteur et couronnés de pyramides, qui sont maintenant isolés. Le vaisseau de l'église actuelle a été bâti de 1582 à 1585. La tour carrée (XVe siècle), à l'ouest, au pied de laquelle s'ouvre un portail du style ogival flamboyant, aux jolies sculptures mutilées ou détruites, a plus de 72 mètres de hauteur; si elle avait conservé tout entière sa flèche de pierre, son élévation dépasserait 90 mèt. A l'intérieur, la nef (XVe siècle et fin du XVIe) est séparée des collatéraux par deux rangs de piliers cylindriques, sans chapiteaux; le long des bas-côtés règnent huit chapelles dans le goût du XVe siècle, mais bien plus modernes; le chœur est entouré d'un déambulatoire (du XVe siècle); les croisillons, malgré les remaniements, ont conservé leurs coupoles byzantines. Les voûtes très-surbaissées de la nef et du chœur (autel de mauvais goût, en marbre), reconstruites en pierre au commencement du XVIIIe siècle, bouchent une partie des fenêtres supérieures et donnent à l'intérieur de l'édifice un caractère désagréable de lourdeur.

L'*église Saint-Eutrope* (mon. hist.), fondée par l'évêque Pallade, à la fin du VIe siècle, fut reconstruite, ainsi que la crypte, dans la dernière partie du XIe siècle, remaniée au XVe siècle, et détruite en partie par les Calvinistes, en 1568. A l'extérieur, deux longues chapelles romanes, bâties autour de l'abside, se font remarquer par l'élégante décoration de leurs arcades. La tour (xvᵉ siècle), flanquée aux angles de contre-forts que terminent des clochetons pyramidaux, porte une flèche octogonale, qui atteint 58 mètres de hauteur. A l'intérieur, la nef actuelle (xiᵉ siècle), ancien chœur, précédée des restes du transsept (style roman de transition), est séparée des bas-côtés par de gros piliers quadrangulaires cantonnés de colonnes cylindriques à curieux chapiteaux romans. Le chœur, formé d'une chapelle absidale du xvᵉ siècle, est décoré de statues modernes. Sous l'église, qui était autre-

Statue de Bernard Palissy, à Saintes.

fois beaucoup plus grande, s'étend la *crypte*, dont l'entrée se trouve à la base de la tour. Cette crypte intéressante a été sobrement restaurée. Elle est, après celle de la cathédrale de Chartres, la plus vaste peut-être qui existe en France. Précédée d'un grand narthex, où l'on remarque une cuve baptismale ronde et dont les murs seuls appartiennent à la construction de la fin du xiᵉ siècle, elle est largement éclairée et ses chapiteaux sont richement sculptés. Elle est terminée par un rond-point avec collatéral pourtournant et trois chapelles rayonnantes. Les murs des collatéraux ont été repris à la fin du XIIe siècle et au XIIIe, ainsi que les voûtes des deux chapelles latérales. La chapelle absidale a été reconstruite. Derrière un autel moderne, placé au rond-point, se trouve le *tombeau* de saint Eutrope, découvert en 1843, dans une excavation de rocher, au-dessous de l'emplacement qu'occupait, avant la Révolution, le maître-autel de la crypte. Ce tombeau se compose d'une dalle posée sur deux marches. Sur l'un des rampants de la dalle qui, suivant M. Letronne, date du IVe ou du Ve siècle, se lit ce seul mot, gravé en belles capitales romaines : EVTROPIVS. A côté de ce sarcophage se trouve celui de sainte Eustelle.

L'église Notre-Dame ou *Sainte-Marie* (mon. hist.), dans le faubourg des Dames, sur la rive droite de la Charente, faisait autrefois partie d'une abbaye qui sert maintenant de caserne. C'est un splendide monument des XIe et XIIe siècles, dont la façade délabrée présente au rez-de-chaussée trois arcades ornées de colonnes, de sculptures très-abondantes et très-curieuses. Une ordonnance semblable remplit le premier étage. Au point de rencontre de la nef et du transsept, s'élève un magnifique clocher de la fin du XIe siècle, qui « se compose, dit M. Viollet-le-Duc, au-dessus des voûtes de l'église, d'un étage carré percé sur chaque côté de trois arcades soutenues par des piles formées de colonnes engagées. Une voûte hémisphérique porte un étage circulaire, composé de douze petits contre-forts cylindriques, entre lesquels s'ouvrent des arcades divisées par une colonne. Cet étage est surmonté d'un chapeau conique légèrement convexe, couvert d'écailles retournées. » L'église se termine par un chœur avec abside octogonale. — *L'église Saint-Palais*, qui l'avoisine, est un édifice du XIIe et du XIIIe siècle, remanié, et dont le portail est masqué par un porche moderne. — Temple du culte réformé.

Saintes possède, en outre : un hôtel de la *sous-préfecture;* — un *palais de justice* avec péristyle ; — un *théâtre:* — un *haras* (60 à 70 chevaux); — un *hôpital de la marine* (autrefois grand séminaire), qui offre une façade monumentale ; — un *collége* (1608) ; — une *prison* (1835) ; — un *marché couvert*, sur le quai Reverseau, — et un *ancien hôtel de ville*, élégant édifice de la Renaissance, surmonté d'une gracieuse tourelle dans laquelle s'ouvre la porte (XVIe siècle) de la *bibliothèque*, précieuse collection presque entièrement détruite par un incendie en 1872. Dans ce bâtiment sont en outre installés un *musée d'antiquités* (statues, bas-reliefs, cippes funéraires, frises; 7,000 médailles grecques, phéniciennes, gauloises, romaines et françaises) et une collection de toutes les roches du département. — *L'hôtel de ville* actuel, incendié en 1872, a été reconstruit.

Une *statue* a été élevée à Bernard Palissy sur la place Bassompierre, le 2 août 1868.

Saleignes, 240 hab., c. d'Aulnay.

Salignac, 388 hab., c. de Mirambeau.

Salignac-de-Pons, 743 hab., c. de Pons.

Salles, 922 hab., c. de la Jarrie.

Salles-lès-Aulnay, 271 hab., c. d'Aulnay.

Saturnin-du-Bois (**Saint-**), 1,075 hab., c. de Surgères.

Saujon, 3,059 hab., petit port sur la Seudre (au Ribéron), ch.-l. de c. de l'arrond. de Saintes. — Temple.

Sauvant (**Saint-**), 695 hab., c. de Burie.

Sauveur-de-Nuaillé (**Saint-**), 1,428 hab., c. de Courçon.

Savinien (**Saint-**), 3,338 hab., ch.-l. de c. de l'arrond. de Saint-Jean-d'Angely, sur la rive droite de la Charente. ⟶ Église des XIIe et XVe siècles. — Ruines d'un couvent d'Augustins. — Vieux château. — Temple.

Seigné, 248 hab., c. d'Aulnay.

Semillac, 128 hab., c. de Mirambeau.

Semoussac, 589 hab., c. de Mirambeau.

Semussac, 906 hab., c. de Cozes.

Seurin-de-Paleine (**Saint-**), 251 hab., c. de Pons.

Seurin-d'Uzet (**Saint-**), 583 hab., c. de Cozes.

Seurre (Le), 487 hab., c. de Burie.

Sever (Saint-), 611 hab., c. de Pons.

Séverin (Saint-), 399 hab., c. de Loulay.

Siecq, 535 hab., c. de Matha.

Sigismond-de-Clermont (Saint-), 203 hab., c. de Saint-Genis. ⟶ Église romane. — A la Tenaille, ruines d'une église abbatiale du XIIe siècle et d'un château de la même époque.

Simon-de-Bordes (Saint-), 765 hab., c. de Jonzac.

Simon-de-Pellouaille (Saint-), 416 hab., c. de Gémozac.

Sonnac, 1,190 hab., c. de Matha.

Sorlin-de-Conac (Saint-), 415 hab., c. de Mirambeau.

Sornin (Saint-), 1,491 hab., c. de Marennes. ⟶ Tombelle. — Église des XIIe et XIIIe siècles. — Curieux donjon de Broue (mon. hist.), grosse tour flanquée de contre-forts, élevée de 25 mètres au-dessus du monticule factice qui lui sert de base. — Temple.

Soubise, 645 hab., c. de Saint-Agnant. ⟶ Tombelle d'Irablet. — Deux dolmens.

Soubran, 607 hab., c. de Mirambeau.

Soulignonne, 688 hab., c. de Saint-Porchaire.

Soulle (Sainte-), 1,965 hab., c. de la Jarrie. ⟶ Château de la Grémenaudière, flanqué de six tours.

Soumeras, 118 hab., c. de Montendre.

Sousmoulins, 515 hab., c. de Montendre.

Sulpice-d'Arnoult (Saint-), 562 hab., c. de Saint-Porchaire. ⟶ Donjon de l'Islot, tour carrée à contreforts du XIIe siècle.

Sulpice-de-Royan (Saint-), 804 hab., c. de Royan. — Temple.

Surgères, 3,833 hab., ch.-l. de c. de l'arrond. de Rochefort. ⟶ Curieuse église (mon. hist.) du XIIe siècle; magnifique façade à arcades et bas-reliefs (deux effigies équestres), très-mutilée et menaçant ruine; clocher inachevé, formé de seize piliers isolés sans chapiteaux et recouverts par une toiture; deux caveaux superposés, dont l'un offre des restes d'anciennes peintures. — Château des XIVe et XVIe siècles, dont les enceintes servent en partie de promenade publique.

Symphorien-des-Bois (Saint-), 519 hab., c. de Saint-Agnant. ⟶ Château ruiné. — Maison de Blénac (XVIe siècle). — Église romane; joli portail.

Taillant, 304 hab., c. de Saint-Savinien.

Taillebourg, 1,001 hab., c. de Saint-Savinien. — Beaux restes (mon. hist.) d'un château des XIIIe et XVIIIe siècles; terrasse magnifique. — Monument commémoratif (1831) de la victoire remportée par saint Louis en 1242. — Chaussée de Saint-James (mon. hist.), percée de 30 arches, où se tenait l'armée anglaise. — Deux tombelles.

Talmont-sur-Gironde, 208 hab., c. de Cozes. ⟶ Curieuse chapelle romane.

Tanzac, 402 hab., c. de Gémozac.

Taugon, 1,308 hab., c. de Courçon.

Ternant, 217 hab., c. de Saint-Jean-d'Angely.

Tesson, 717 hab., c. de Gémozac.

Thaims, 396 hab., c. de Gémozac. ⟶ Tombelle.

Thairé, 1,307 hab., c. d'Aigrefeuille. ⟶ Clocher fortifié du XIVe siècle.

Thenac, 773 hab., c. (Sud) de Saintes.

Thézac, 512 hab., c. de Saujon. ⟶ Église ruinée du XIIe siècle (mon. hist.).

Thomas-de-Conac (Saint-), 1,411 hab., c. de Mirambeau.

Thors, 411 hab., c. de Matha.

Thou (Le), 1,120 hab., c. d'Aigrefeuille.

Tonnay-Boutonne, 1,260 hab., ch.-l. de c. de l'arrond. de Saint-Jean-d'Angely, sur la Boutonne. ⟶ Château ruiné, avec donjon carré à contreforts, du XIIe siècle.

Tonnay-Charente, 3,736 hab., port sur la Charente, ch.-l. de c.

de l'arrond. de Rochefort. ⟿ Magnifique pont suspendu à trois travées, construit en 1842, haut de 18 mètres au-dessus des eaux moyennes de la Charente. — Église du XVIe siècle; portail roman plus ancien. — Temple.

Torxé, 476 hab., c. de Tonnay-Boutonne.

Touches-de-Périgny (Les), 1,109 hab., c. de Matha.

Tremblade (La), 2,836 hab., port relié à la Seudre, ch.-l. de c. de l'arrond. de Marennes. — Temple. — Orphelinat dit asile Émilie.

Trizay, 781 hab., c. de Saint-Porchaire.

Trojan (Saint-), 980 hab., dans l'île d'Oleron, c. du Château.

Tugéras, 525 hab., c. de Montendre. ⟿ Belle église; portail du XIIe siècle.

Vaize (Saint-), 367 hab., c. (Nord) de Saintes.

Vallée (La), 740 hab., c. de Saint-Porchaire. ⟿ Église du XIe siècle.

Vallet, 319 hab., c. de Montendre.

Vandré, 712 hab., c. de Surgères.

Vanzac, 447 hab., c. de Montendre.

Varaize, 995 hab., c. de Saint-Jean-d'Angely.

Varzay, 621 hab., c. (Sud) de Saintes. ⟿ Tumulus.

Vaux, 441 hab., c. de Royan. — Temple.

Vénérand, 656 hab., c. (Nord) de Saintes. ⟿ Fontaine pétrifiante jaillissant d'un rocher à pic de 15 mètres de hauteur.

Vergeroux, 228 hab., c. (Sud) de Rochefort.

Vergné, 214 hab., c. de Loulay.

Vergne (La), 661 hab., c. de Saint-Jean-d'Angely.

Vérines, 1,260 hab., c. de la Jarrie.

Vervant, 214 hab., c. de Saint-Jean-d'Angely.

Vibrac, 308 hab., c. de Jonzac.

Villars-en-Pons, 582 hab., c. de Gémozac.

Villars-les-Bois, 502 hab., c. de Burie.

Villedieu (La), 575 hab., c. d'Aulnay. ⟿ Église du XIVe siècle, à deux nefs égales.

Villedoux, 326 hab., c. de Marans.

Villemorin, 330 hab., c. d'Aulnay.

Villeneuve-la-Comtesse, 930 hab., c. de Loulay. ⟿ Ruines d'un château et d'une enceinte urbaine.

Villenouvelle, 166 hab., c. de Loulay.

Villepouge, 87 hab., c. de Saint-Hilaire.

Villexavier, 456 hab., c. de Jonzac.

Villiers-Couture, 344 hab., c. d'Aulnay.

Vinax, 164 hab., c. d'Aulnay.

Virollet, 475 hab., c. de Gémozac.

Virson, 462 hab., c. d'Aigrefeuille.

Vivien (Saint-), 362 hab., c. de la Jarrie.

Voissay, 268 hab., c. de Saint-Jean-d'Angely.

Vouhé, 532 hab., c. de Surgères.

Xandre (Saint-), 1,304 hab., c. (Ouest) de la Rochelle.

Yves, 292 hab., c. (Sud) de Rochefort.

18906. — Typographie Lahure, rue de Fleurus, 9, à Paris.

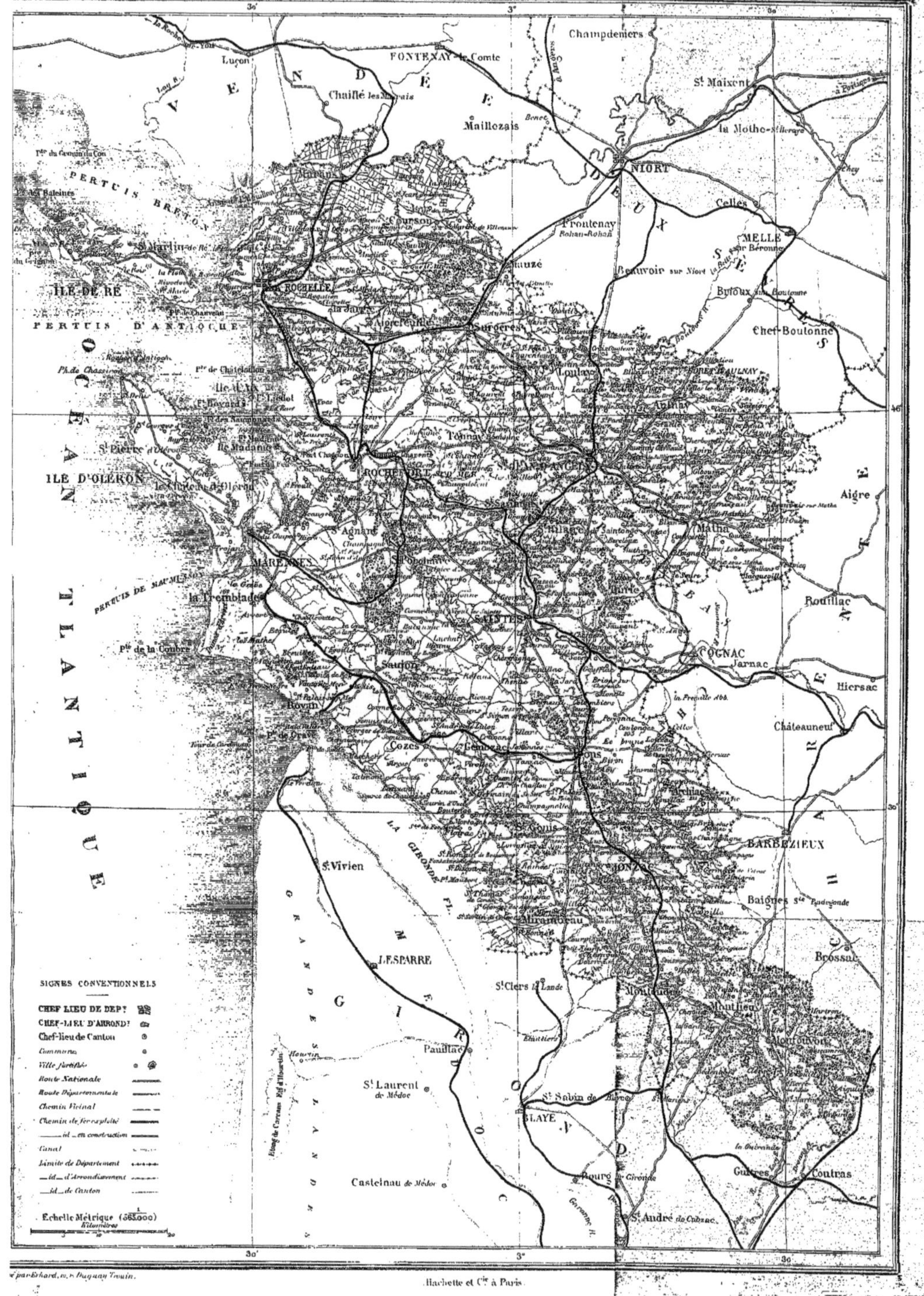

par Erhard, r. Duguay Trouin.

Hachette et Cie à Paris.

LIBRAIRIE HACHETTE ET CIE

A PARIS, BOULEVARD SAINT-GERMAIN, 79

NOUVELLE COLLECTION DE GÉOGRAPHIES DÉPARTEMENTALES

PAR AD. JOANNE

FORMAT IN-12 CARTONNÉ

Prix de chaque volume. . . . . 1 fr.

(*Octobre* 1877)

37 départements sont en vente

EN VENTE

Département	Gravures	Cartes
Ain.	11 gravures,	1 carte.
Aisne.	19 —	1 —
Allier.	27 —	1 —
Aube.	14 —	1 —
Basses-Alpes. .	11 —	1 —
Bouch.-du-Rhône	27 —	1 —
Cantal.	14 —	1 —
Charente.. . . .	28 —	1 —
Charente-Infér..	14 —	1 —
Corrèze.	11 —	1 —
Côte-d'Or. . . .	29 —	1 —
Deux-Sèvres. . .	14 —	1 —
Dordogne. . . .	14 —	1 —
Gironde.	15 —	1 —
Haute-Saône.. .	12 —	1 —
Haute-Vienne. .	10 —	1 —
Indre-et-Loire. .	40 —	1 —
Ille-et-Vilaine. .	14 —	1 —
Isère.	10 —	1 —
Jura	12 gravures,	1 carte.
Landes	16 —	1 —
Loire.	14 —	1 —
Loire-Inférieure.	20 —	1 —
Loiret.	22 —	1 —
Maine-et-Loire..	24 —	1 —
Meurthe.. . . .	31 —	1 —
Nord	20 —	1 —
Oise..	10 —	1 —
Pas-de-Calais. .	16 —	1 —
Puy-de-Dôme. .	16 —	1 —
Rhône..	16 —	1 —
Saône-et-Loire..	25 —	1 —
Seine-et-Oise . .	25 —	1 —
Seine-Inférieure.	20 —	1 —
Somme..	12 —	1 —
Vienne..	15 —	1 —
Vosges	17 —	1 —

EN PRÉPARATION

Côtes-du-Nord — Doubs — Finistère — Loir-et-Cher
Morbihan — Seine-et-Marne

ATLAS DE LA FRANCE

CONTENANT 95 CARTES

(1 carte générale de la France, 89 cartes départementales, 1 carte de l'Algérie et 4 cartes des Colonies)

TIRÉES EN 4 COULEURS ET 94 NOTICES GÉOGRAPHIQUES ET STATISTIQUES

1 beau volume in-folio, cartonné : 40 fr.

Chaque carte se vend séparément. . . . . 50 c.

TYPOGRAPHIE LAHURE, RUE DE FLEURUS, 9, A PARIS.

www.ingramcontent.com/pod-product-compliance
Ingram Content Group UK Ltd.
Pitfield, Milton Keynes, MK11 3LW, UK
UKHW021148220726
13924UKWH00003B/1065

9 782019 186784